建築のORIGIN

高松伸+ORIGINATORS | 設計を巡る思考

高松 伸

高松 伸／Shin TAKAMATSU
1948年島根県生まれ。1980年京都大学大学院工学研究科建築学専攻博士課程修了後、同年高松伸建築設計事務所設立。
1997年京都大学大学院工学研究科教授就任。アメリカ建築家協会・ドイツ建築家協会名誉会員。英国王立建築家協会会員。芸術選奨文部大臣賞。日本建築学会賞など受賞多数。

「建築とは何か」……他でもないル・コルビュジエ、ミース・ファン・デル・ローエ、フランク・ロイド・ライト、ルイス・カーン、丹下健三、そして白井晟一など、古今東西の偉大な建築家たちが生涯を賭して自らに問いかけ続けた問いである。そして、建築家としての道をたどたどしく歩み始めて以来、私もまた、そのあまりにもの重さに押しひしがれつつも、常にその問いを自らに強い続けながら、その都度渾身の力を振り絞って、ひとつひとつの建築を考え続けてきた。そんな中、縁あって母校の建築設計学講座の教授職に就くことになった。1997年のことである。要するに「教育」という、設計事務所と現場を日々ひたすら往復するという職種とは大きく異なる仕事に携わることになったという訳である。とまれ、私にとってそれは、「教える」という極めて重い責務を引き受けることであると同時に、なによりもこれまでとは全く異なる局面において、「建築とは何か」という問いに向き合う機会に恵まれることになったということであった。即ち、たったひとりで途方に暮れながら思い詰めるのではなく、学生達と、その躍動する頭脳の力を頼みつつ、建築を考えるという局面の中で、共に問いに対峙するという機会に。

以来、途方に暮れてしまうほど初々しい学生達と、トレーシングペーパーと鉛筆、そしてなによりも言葉を頼りに建築を考え続けて来た。ある時は「機能とは何か」……と。またある時は「空間とは何か」……と。そして時に「美とは何か」……と。そんな古く、かつ常に新しい問いを自らに、そして学生達に問いかけつつ建築を考え続けてきた。もとより答えがすぐに見つかるわけではない。というよりもむしろ、全ての設問は未だに問われ続けているままであり、かつそれらの設問は、様々な局面で建築の創造という課題に取り組み続けている。研究室出身者の頭脳の中で、その終わりのない闘いに不断に研磨されることによって、さらに新たな相貌で立ち現れてあるに相違ない。ゆえに、研究室を立ち上げて十数年の年月を経た今、私はある意味究極的とも言える設問を敢えてかれらに投げかけることにした。それはこのような問いである。

「建築の根源とは何か。」

もとよりこの設問は、ひとりの建築家としての私自身への問いかけでもあることは言うまでもない。断言するが、答えの数は答える者の数に等しい。かつ、そのことにこそ希望がある。「人がそこで生まれ、日々を営み、そして誇り高い死を迎えることができるような建築」(拙著『もうひとつの家』から)。そのような建築が無限に存在し得る。そこにこそ建築を考え続けようとする者の希望がある。建築を愛し続けようとする者の希望がある。

Contents

ORIGIN I

建築はいざなう

建築と身体

村上芙美子

敷地は京都下鴨神社境内の糺《ただす》の森。一本のご神木へと至る、参道のような建築。

黒御影石に覆われた、厚み2m、高さ5m、全長150mの二枚の壁体。その狭間の1mをひとり歩く。裸足で歩く。ひんやりとした圧迫の中、視覚、聴覚、触覚が限定され研ぎ澄まされていく。延々と下る緩やかなスロープは、やがて泉川へと辿り着く。清められた足で一段一段と階段を上りつめた先、眼前に光と共にたたずむご神木は一体何を語りかけてくれるだろう。

この作品の設計にあたり、連日糺の森に通い続けた。朝の森、夜の森。木々のざわめき、川のせせらぎ、森の匂い、空気、そうした身体で感じとったものをそのままイメージ

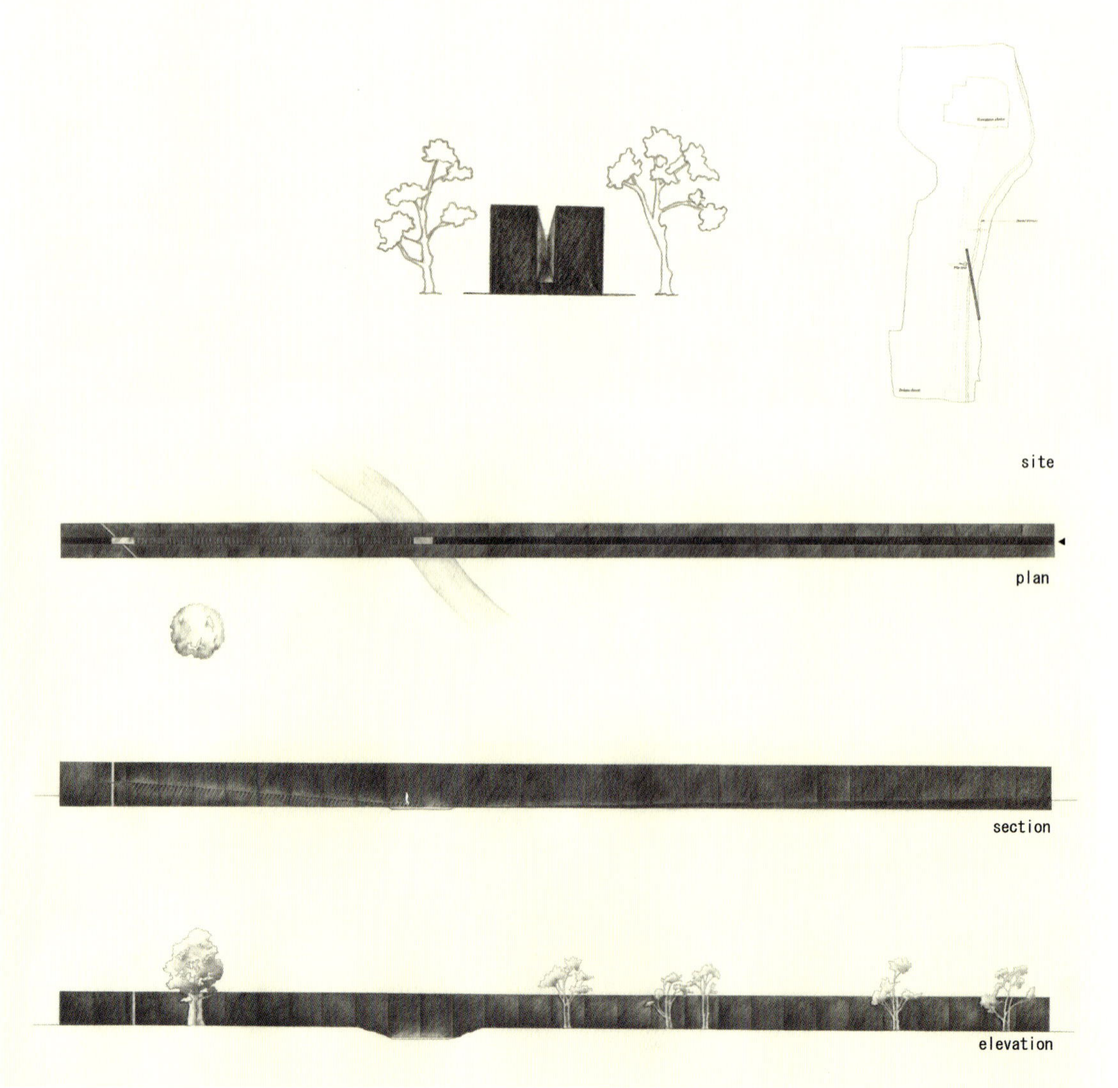

に落とし込み空間化していく。そうした過程を経て生まれた建築だ。

建築は時として、言葉では捉えきれない理解を超えたものを内包している。それは、極めて身体的な建築の体験によって瞬間的に私たちに知覚されるものである。そうした「超理解」の瞬間、私たちの身体は物理的に建築に包まれていると同時に、感覚的な解放へと導かれている。

建築と身体の接触によってもたらされる「超理解」の瞬間。それは建築が私たちに感動を与える瞬間であり、美の輝きの瞬間と言えるのではないだろうか。

建築と生命

関村光代

建築家の果たす役割は何なのか。

度々それを考える。

自然の中に生き、生活の中から生まれてきた数々の美しい集落。そういったものを見るにつけ、自分がこれから建築家としてできることは非常にちっぽけなことに過ぎない、建築家になる意味など実はないのではないか、そういった思いさえ持つこともあった。

近代は「建築家」というものが非常に台頭し、建築家の思想や芸術性でもって社会を体現したものが建築、という見方が強い時代であった。建築家による普遍的で完成された「作品としての建築」が求められていたのである。

しかし先のような集落もまた真である。土地に根付き、一見特殊解ではありつつも、そこには普遍的な何かもまた潜んでいる。

では、建築家はどうすればよいのか。いかに「建築」をすればよいのか。

誤解を恐れずに言えば、必要最低限、用意すればよいのだ。──そこから建築は成長していく。建てられた時にピークを迎え、だんだんと時代の遺産として老いていくのではなく、年月を重ね、記憶を重ね、むしろそこから成長していくのだ。建築家はそこに種をまき、成長の手掛かりをつくることが大事なのだ。もちろん、どのような、どの程度の手掛かりをつくるかは、建築家に依るであろう。その手掛かりをもとに、人々は暮らし、光は差し込み、水は流れ、風は吹き、生命としての建築を形作っていく。

この建築は、そんな思いからできた。こどもたちや町の人々が一日を過ごすための“街”である。ここでの「手掛かり」は建築とそこでの生活を考えるときに鍵となるであろう「時」を刻む、「日時計のみち」であり、そしてそれに関連した水、地形、季節と植生、人々の生活についての少しのきっかけである。季節や光の動きの中で、自然のリズムで形をかえていく──そんな建築が、そんな生活があってもいいのではないか。そのような姿こそ、人間の、建築の、本来の姿-ORIGIN-なのではないか。

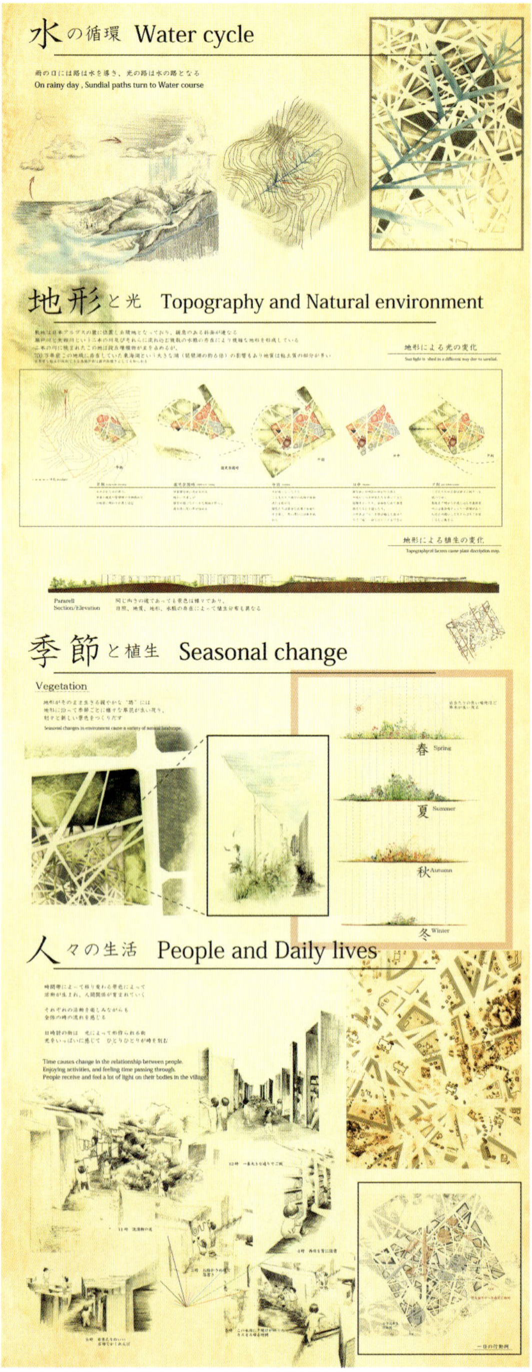

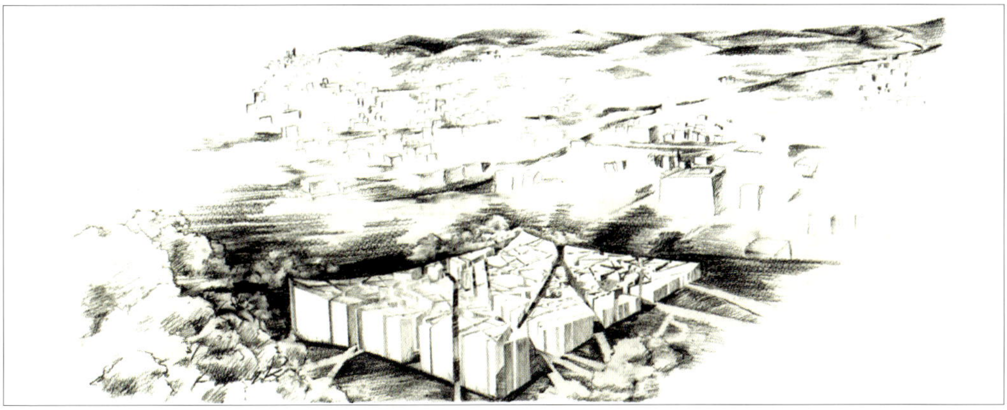

建築と貧困

稲荷瑞季

世界最大の難民受入れ国であるパキスタンにおいて、避難生活を強いられた人々が新たな場所で新たな生活を始める際に手助けとなるとなるような建築を構想する。

敷地はパキスタン国内避難民キャンプ近郊、東西を流れるワジ（涸れ川）に向かってゆるやかに傾斜する土地である。対岸には日干しレンガの家々が立ち並ぶ集落が存在する。地勢的特徴を最大限に活かすため、傾斜地を利用して農作物を生産する棚田のシステムを参照した。傾斜した地面に添って連なる階段状の田畑は、排水・保水・洪水調整機能を持ち合わせている。このシステムをワジ付近では本来のとおり農業耕作地として利用し、同時に貯水池を設け乾季に備える。棚田の“畔”は土地の地勢的方向性を表出させたものであり、脈打つような畔は傾斜地の上部へ向かうにつれ盛り上がり、その内部に住居や学校、あるいは環境システムといった機能が付与される。ここでの環境システムとは乾燥気候に属するこの地において貴重な資源とな

る雨水を集水・濾過・貯水・給水するシステムである。また、一部の畔がアーチ状に浮上することにより、灼熱の太陽光を遮り人々に一時の休息をもたらす影を作り出す。畔に囲まれた網の目はときに田畑、ときに複数戸の共有域となり、割り当てられた機能に従ってその大きさを変化させる。素材にはストローベイル（藁のブロック）や土、漆喰といった現地で調達可能な材を用い、建築はすべて難民たち自身の手によって作られることを想定している。

いかに彼らが自分たちの手で生活を改善し、いかに安らかな日々を獲得することができるのか。この問いに対し大地に抗うのではなく寄り添うようにして生み出される建築に、一つの解を見出したい。これは‘貧困’という問題を少しでも和らげるために建築に何が可能かを思考しつづけ、初めて形あるものとしてその答えを出した、自身の原点というべき建築である。

Bird's Eye View

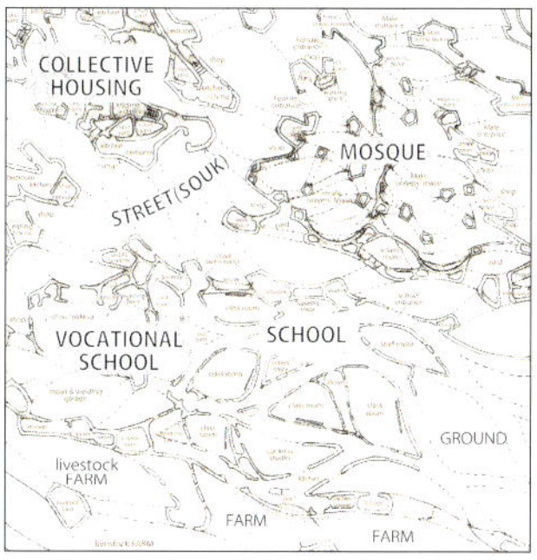

Part of Plan

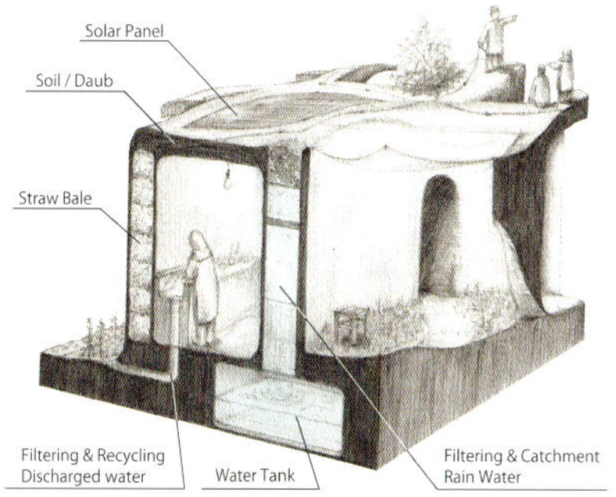

Building Structure and Water Cycle

Part of Section

建築とあそび

小室舞

現所属先で担当した今年のサーペンタインギャラリーパビリオン、主用途はカフェ。個性的なオブジェクトとしての外観を持たず、持ち上げられた水盤の下にこれまでに同敷地内に建てられたパビリオンの痕跡をもとに半地下の遺跡発掘現場のようなランドスケープがつくり出されている。そこにテーブルはなく、階段ともベンチともつかないデコボコの地形に屋根がかかっているだけ。つまずいてもお構いなしの何とも不親切なカフェだ。しかしそこでは普段のカフェでは見られないような光景が広がる。子供たちが駆け回り鬼ごっこに昼寝にピクニックに、休憩所兼プレイグラウンドと化して老若男女問わず極めてよく使い倒されている 。主用途としての機能よりも場所の存在や個性が人を惹きつけているようにも感じられるくらいだ。

子供の頃のあそびの記憶、印象に残っているのはオモチャや遊具が用意された場所よりも何があるかわからない自然の中や空き地であるのは自分だけではないはず。あらかじめあそび方が想定されていてそのあそび方しかできない場所より、何も用意されておらず自分たちであそび方から考える必要がある状況が魅力的で飽きなかった。場所ごとに鬼ごっこのルールを変えたり、そこで見つけた石や小枝で遊びを考えたり、よりかくれんぼが難しくなる茂みを探したり。面白そうな場所を見つけてはそこにあるあそびの手がかりを探して、その場所ならではのあそび方を考え出す。無作為にある環境にいきなり足を踏み入れるからこそ、自主性や創造性が問われてくる。

自分にとっての場所や空間への関心はこのあそびで培われたと言っても過言ではない。ここで何ができるだろう、ここを登ると楽しそうだな、こうするともっと気持ちよくなるな。設計を考える感覚の元をたどると結局子供の頃とあまり変わらないところに行き着いてしまう。あそびを通して自分と周辺環境との関係性による体験変化に意識的になり、その環境に対しての使い方や介入のし方を考える楽しさが自然と身に付いていったのだろう。

「あそび」は与えられた状況下で最大限の楽しみを生み出そうとする純粋な動機に基づき、身体感覚を研ぎ澄まして環境のポテンシャルを発見し、さらにそれを主体的に使いこなす創造性溢れる行為だ。子供たちはまさしくそれを純粋に実践しているが、人間誰しもその経験を通じた感覚は持っているはず。キャンプやピクニックでその場の適所を見つけて食卓や寝床を設えるのも、環境を使いこなすあそび的行為の一つだと言える。かつて世界各地の民族たちが各々の周辺環境の中から心地良い場所と方法を見つけて営みを築き上げてきたのも、そんなあそびの感覚に通じるものがあるだろう。

あそびという言葉には「物事にゆとりのあること」という意味もあるが、あそびを楽しむためにはゆとりが必要だ。人があそびを楽しむことができる状況は人と場所の双方に互いを受け容れるゆとりがあってこそ成立するものでもある。しかし最近では子供本来のあそび心を刺激するような無作為のあそび場が減り、遊園地のように何でも過保護に用意されたゆとりの少ない環境が多い。あらかじめあそび方が設定されていて創造性を必要としないというつまらなさ。都市空間においても何でも懇切丁寧に整えられて至れり尽くせりである状況が増えている。その場での行為が初めから想定されていて、画一的な振る舞いが無意識に強要されるようでなんだか押し付けがましい。そこにあそびを受け容れるようなゆとりはない。大人も子供も都市も、なんだか堅苦しくなっていないだろうか。

何もかもが整えられた環境ではなく、不親切でもあらゆる可能性が許容される環境の中だからこそ、人間は創造力を絞り出してさまざまな発展を遂げてきた。それが本来の自然の姿なのだから、自分たちが設計に関与して築いていく都市空間もそれくらいのおおらかさがあってもいい。ただ必要とされる用途を提供するのではなく、使い手のあそび心を刺激し自由な発想による想定を越えた多様な使い方を許容できる場所こそが、人々を惹きつけ長きに渡って愛される魅力を持ち得るのではないだろうか。たくさんの人々にあそんでもらえるような建築を設計していきたい。サーペンタインパビリオンではしゃぎまわる子供たちの姿を見て、自分の小さな一歩があそびの天才たちにも少しは認めてもらえたような気がしている。

建築と排泄

大城正史

「建築」の定義は古代ローマ時代にまで遡る。建築家・ウィトルウィウスは『建築十書（De Architectura)』の中で建築の3つの条件として「用（utilitas)・強（firmitas)・美（venustas)」を記している。以降、この考えは様々な解釈を経ながら後世の建築家に多くの影響を与え、現在に至るまで受け継がれてきた。「建築（Architecture)」と「建物(Building)」の本質的な違いがそこにある。それを示しているのが「UD Dry Toilet Project」である。このトイレでは水を使わずにUrine Diversion（し尿分離）して処理を行う。既存のトイレ（洋式・和式）に設置可能であり、現在は災害時や断水時での利用を想定しているが、将来的にその知識と技術は日常生活での利用も視野に入れた提案である。

衛生工学、建築学、製作所の方々の協力を得ながら強度・重量・費用の面からはもちろん、「無水」だからこその便器の形状と使用方法、使う素材にあわせた加工方法から検討を重ね、紙・木材・金属・プラスチックでの提案をしている。「神は細部に宿る（Der liebe gott steckt im detail)」という言葉にあるように、実現しようとした時に現れる部材同士の取り合い・収まり・余白が拘り抜いた細部の集積となって全体の美しさを獲得するのである。こうした点でUD Dry Toiletはまさに「建築（Architecture)」といえる。

また、トイレという空間は排泄という人間に基本的な行為の場であり、文明の発祥以前から「それ」に似た場所が存在し、驚くべきことに6000年前には既に下水道を伴う精巧な水洗型トイレが存在していたこともわかっている。即ち、UD Dry Toilet同様、遥か昔から「建築（Architecture)」は存在していたのであり、その歴史が示すようにトイレこそ建築の起源−ORIGIN−と呼ぶに相応しいのである。

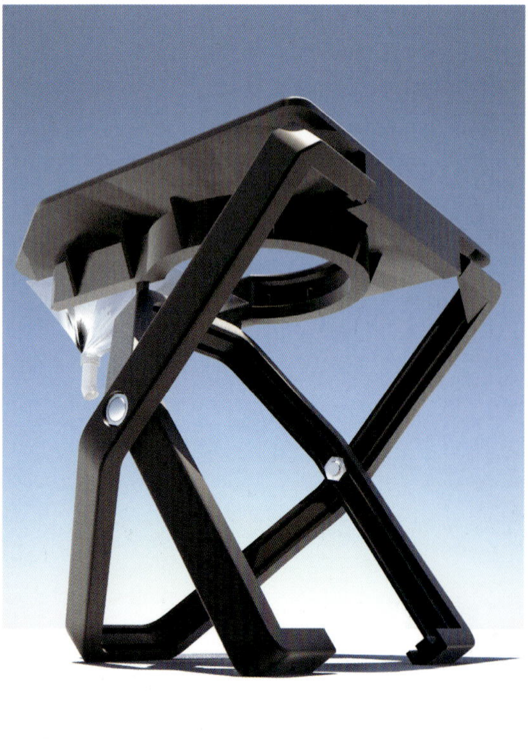

プラスチック案

木材案

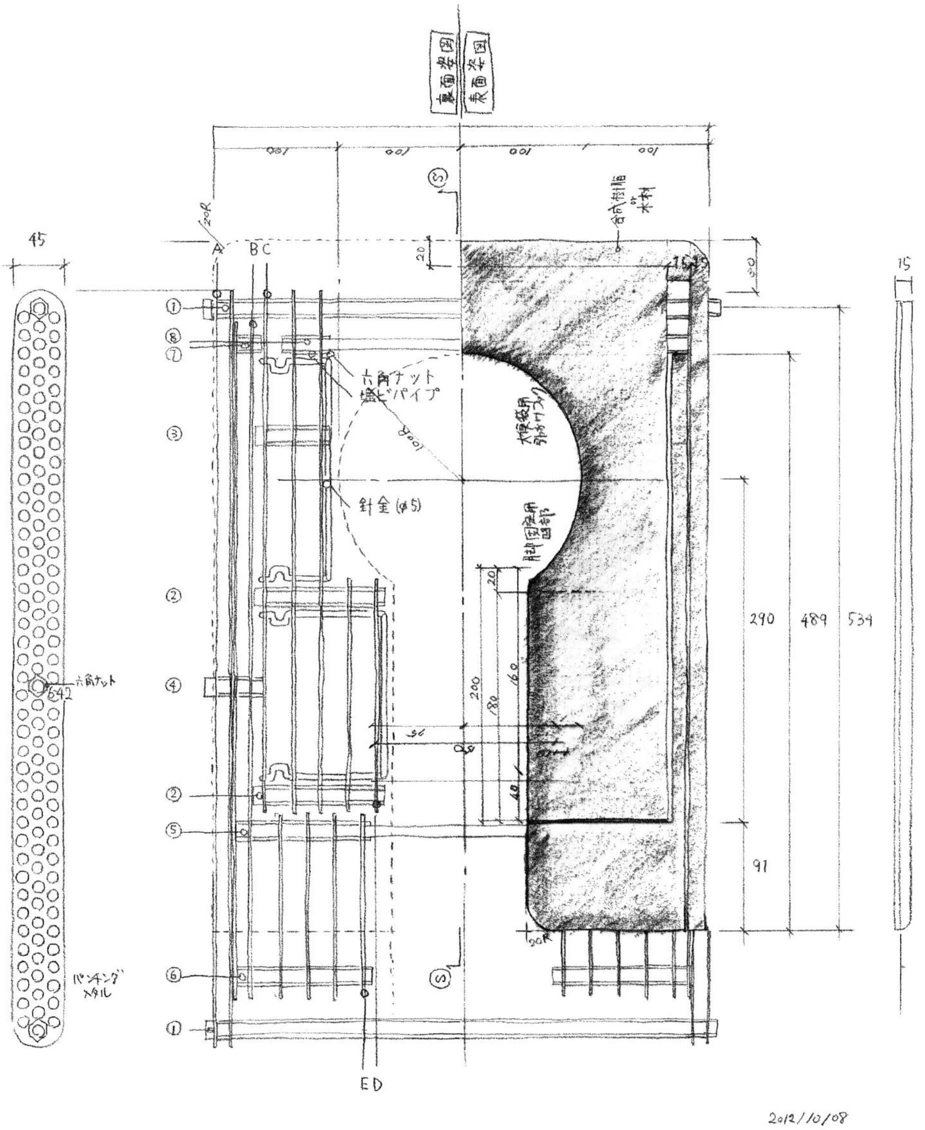
裏面姿図
表面姿図
六角ナット
塩ビパイプ
針金(φ5)
脚固定用凹部
パンチング メタル
45
15
290
489
534
91
ED
2012/10/08

金属案

建築と共同体

夏目寛子

かつて人々は共に働き、生産し、そして居住した。もう一度、人々は共同体として生きることができないか。そんなことを考えて取り組んだのが私の卒業設計である。

「労働は即ち祈りだ」

かつて中世の修道院では、祈りと労働のうちに共同生活が営まれ、その自給自足の生活の中でワインや薬草酒の醸造技術が生み出された。そしてそれは、自らの身体感覚を研ぎすませることと共に存在した。

現代において、日々の生活の中で分断されてしまっている「労働」、「居住」、「生産活動」をもう一度、醸造という活動のもとで再編成し、そこで暮らす人々のための建築を構想した。

敷地は長野県東御市、麓には千曲川が雄大に流れる傾斜地である。この土地の気候に適したワイン用の葡萄と多種多様な薬草を、人手不足で耕さなくなった耕作放棄地を利用して栽培する。表面に表れた4本の水道橋が地下の建築

地下鳥瞰図

の領域を暗示し、そこにワイナリー、薬草加工所、研究施設、住居が配置される。人々はここに住まい、管理されなくなった農地を耕し、葡萄、薬草を栽培し、ワイン、薬草酒の醸造、薬草加工、そしてその技術伝承のための研究がおこなわれる。光、音、温度、湿度……あらゆるものが制限される地下空間において、人々は自らの身体感覚を研ぎすまし、静かに醸造という活動と対話する。ここでは葡萄、薬草を栽培すること、ワイン、薬を作ること自体が祈りであり、ここで生活する人々が共有する時間である。

建築はある種の共同体のあり方を提示する。そして時には人々の生き方に寄り添い、時には人々を奮い立たせるものではないだろうか。そして、それこそが私の建築のORIGINだと考えている。

薬草加工所

教育・研究施設

住居

ワイナリー

建築と庇護

小椋恵麻

建築のORIGINとは存在を確かめ、人間にとっておのれの身を庇護する空間の確立と共にある。

人間の生活空間は草原での生活から自然環境の中で物理的に身体を守るケーブでの生活、集落、村、町、都市へと発展してきた。

それは生命の起源以来、建築のもつ体験的な庇護性が人間と人間の営みを支えてきたことを意味する。

現代における都市の生活では人間は都市に庇護される、いや寧ろ迫害されているようである。

世界がどうあるべきかという基準において行為を行い、何かで充満された世界が存在している。

しかし、その空虚に満たされた世界により無力感に襲われ、都市の難民と化してしまっている。

この建築は都市の中にヌルのごとく漂い、忘れていることさえ気づかない灰色の人間が真の庇護を手に入れるための建築である。

この建築はとある都市を流れる川辺に存在する。

側面の小さな穴から滑り込み、水面を反射した薄らと壁をなめる光を頼りに漂い、翻弄されることであろう。

だが、その内部でたどり着いた先におのれの存在を確かめ

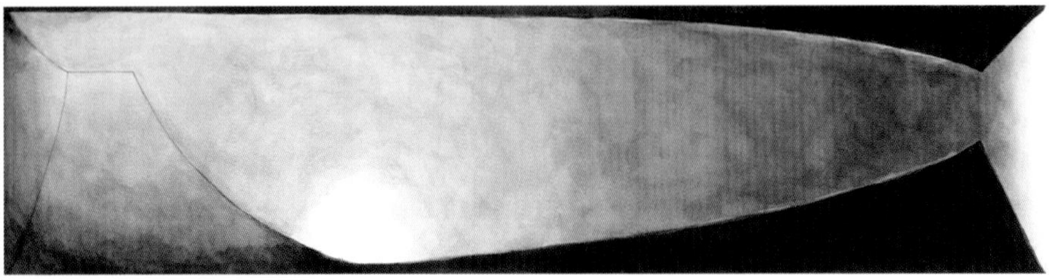

plan

elevation

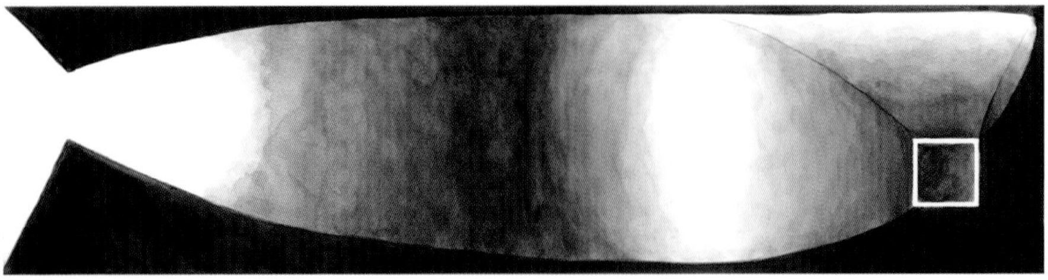

section

0 5m

ながら立ち、破れた穴から見える光は変わらぬ原始の空、祈りを捧げる蒼である。

人の祈りは神に近づきたいという欲望であり、おのれの身体の存在する空間は神に近づけない圧倒的な絶望を意味する。

しかしながら、人に非ざるものを視覚化するその空間——建築史における墓や神殿、神社仏閣といった——の実現は人間の生活領域を浮き彫りにし、その存在及び祈りという行為によって確立される。

キェルケゴールは、「死に至る病とは絶望のことである。(『死に至る病』)」と述べ、人間の生き方は絶望を経験することにより、深みを増していくと主張した。

また、ウィトゲンシュタインによると、「神秘的なのは、世界がいかにあるかではなく、世界があるということである。(『論理哲学論考』)」

建築する行為は人間の根源的な実存に同調することができるのではないだろうか。

禁じられた空間の構築より人間は真の庇護の地盤-ORIGIN-を獲得するのである。

蒼を臨む

建築と濃度

三浦星史

空間には情報が潜んでいて、それを知覚することで私たちは建築を認識している。情報が溢れ、たちどころに処理できないとき、それは空間の濃度として立ち現れてくる。

この建築は4種の膜がベン図のように絡み合ってできており、それぞれ素材や仕上げを違えることで様々な視覚的、空間的な透過性能を備えている。膜の狭間に設えられた空間は多様な表情を見せ、それが重層化することで、視覚的な情報が溢れ出す。

80m角の敷地いっぱいに巨大なボリュームを想定し、そこに内外を繋ぐ孔を穿つ。さらに壁を厚みのない膜に分割すると、自重を支えられなくなった膜はぐにゃぐにゃと変形する。そして生まれる隙間の空間は、透過の具合によって多様な表情を見せる。ベン図で表されるその表情は、境界をまたぎ多様なバリエーションを見せる。

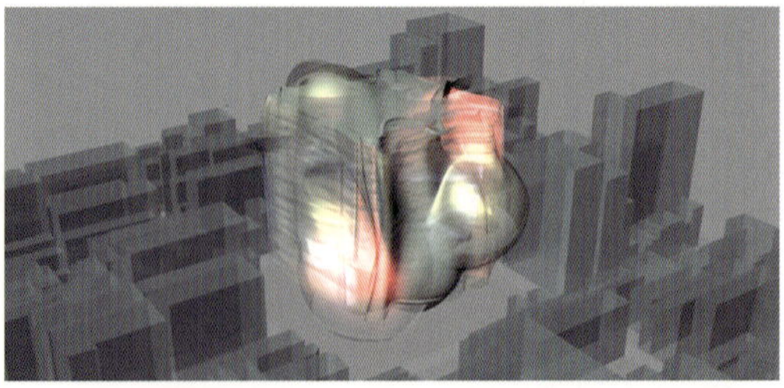

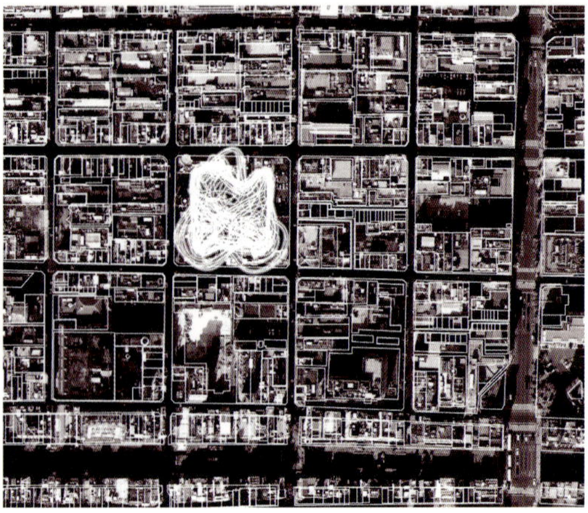

４種の膜は面＋孔の関係を変形させて作られ、その空間性には差異が付けられている。各々の膜は、マッスの壁体が元来備える遮断能力を分担して備えており、それぞれが純化されている。また形態、素材が個別に与えられることで抽象化、反射など新たな性質が顕れ、半透膜のように、空間の各要素を分類することが可能となる。各プログラムがベン図の各領域に配され、空間の形状や明るい・暗い、見える・見られるといった空間性の影響を受ける。機能は変化しないが、そこでの行為が変化し、プログラムの現れ方が変化する。ここでは機能が再生産されるのである。

機能と形態には弱い関係がある。形態が影響を与えるのは行為に対してであって、機能、すなわち意味に対してではない。このことは、人間がどこであれ、意外と何でも出来てしまうという事実に裏付けられる。

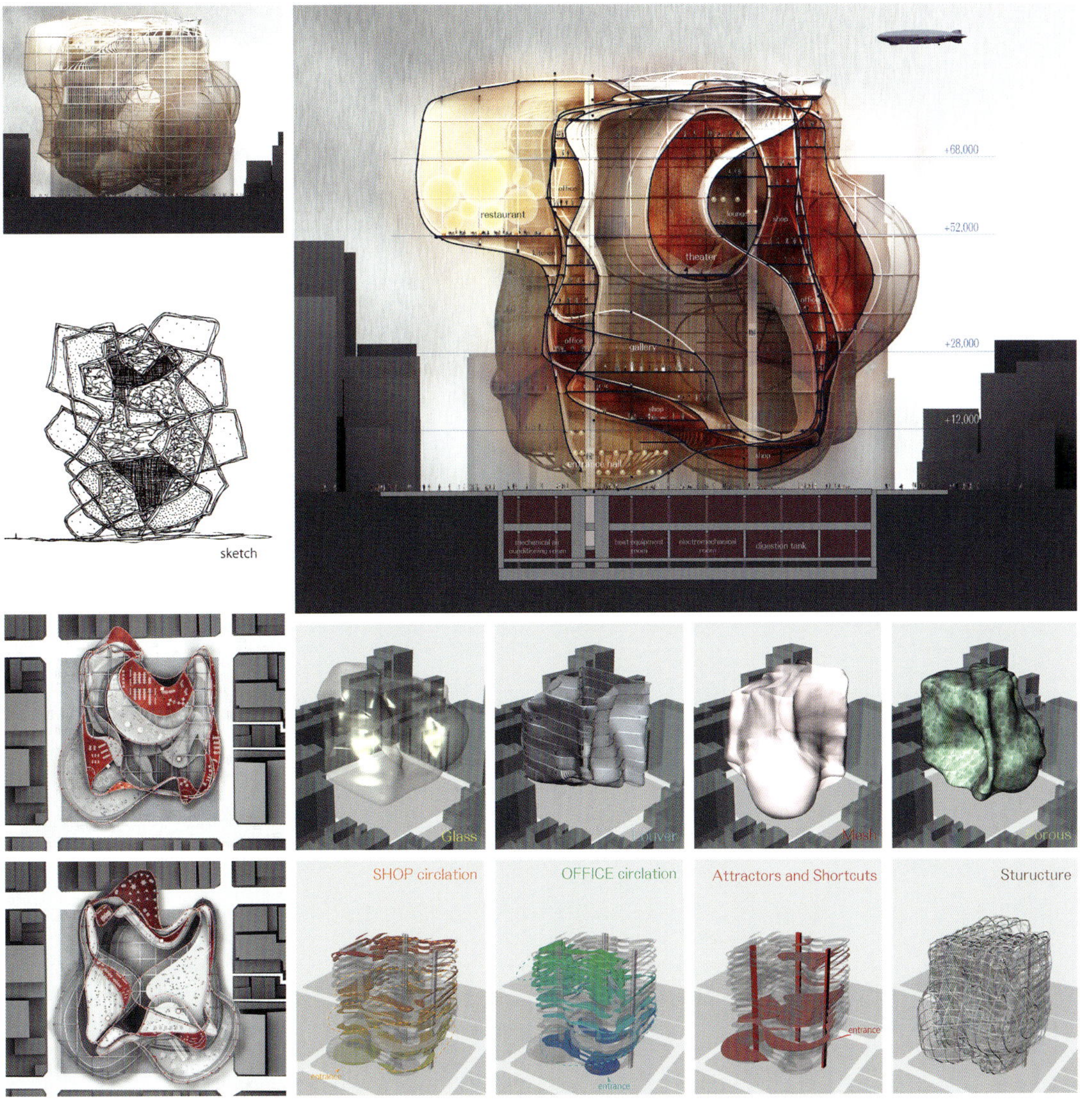

建築と出来事

岡隆裕

大きな部屋の中の、あちらこちらで生まれた異なる出来事同士が共鳴し、意図しない関係性が生まれる。そんな建築を構想した。

所望された機能は美術館、多目的ホール、図書館、シアター、コンベンション、ショップ、ワークショップスペースの複合したコンプレックス。この建築では掘り込まれた地下に、使われ方と「しつらえ」が対となった空間が各機能別に分散配置される。対して地上は、家具のみが散りばめられた、使われ方によってその場所が流動的に変化する均質なワンルーム、「しつらえ」のない場所。

例えば
美術館の常設展示室、図書館の開架書架、多目的ホールの固定席は地下に配され、
美術館の企画展示ギャラリー、図書館のブラウジングや閲覧席、多目的ホールのホワイエが地上の大部屋に顔を出す。

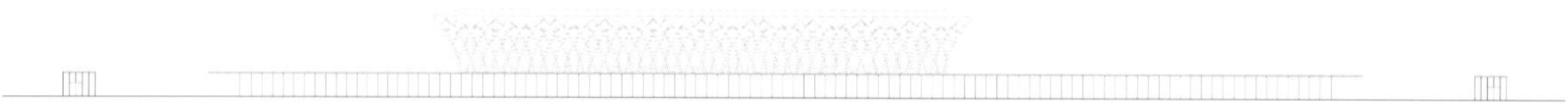

Elevation

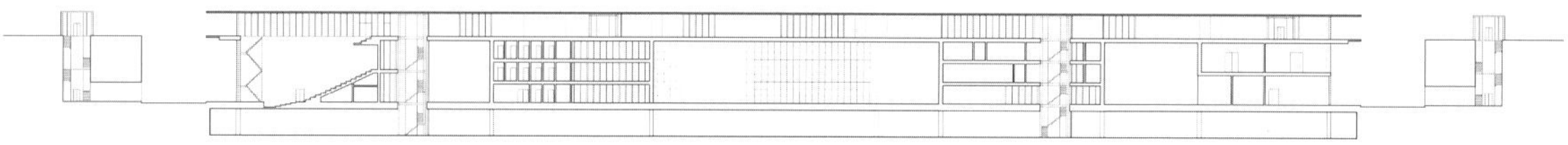

Section

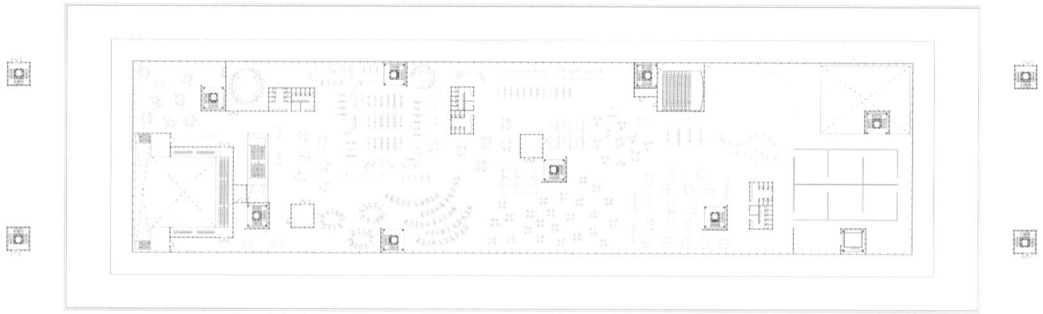

+-0 plateau plan

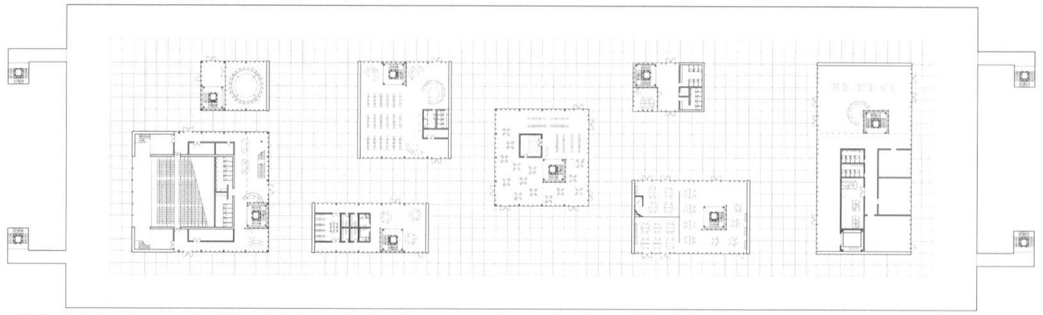

S = 1/1500

-10000 plan

この境目ない大部屋に在るのはアクティビティの記号としての家具のみ。出来事は人まかせ。下部との関係性に意味づけられた、大きな部屋の中の一角での出来事は、隣り合う出来事と関係性を持つかもしれない。そこまでに留めておいた建築。

一枚のパレットの上に並べて絞り出した色とりどりの絵具同士が混ざり合うのを、ただ待つような。単純で多様、控えめで暴力的なこの空間を、創造性を持った多くの人が行き交う、複合文化施設の新たな可能性として提案した。

建築に何が可能かを問うのではなく、建築とは何かを問うのでもない。建築がきっかけで起こる人と、人との出来事を静かに見守る場所。そのおそらく素敵な出来事がたくさん起こるであろう空間を、建築の「はじまる」場所として希求した。

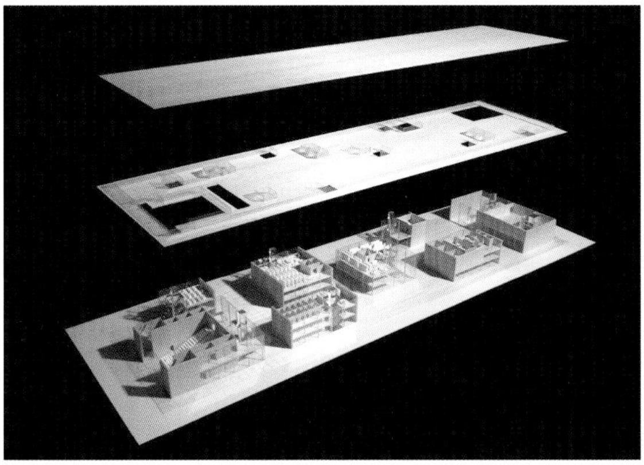

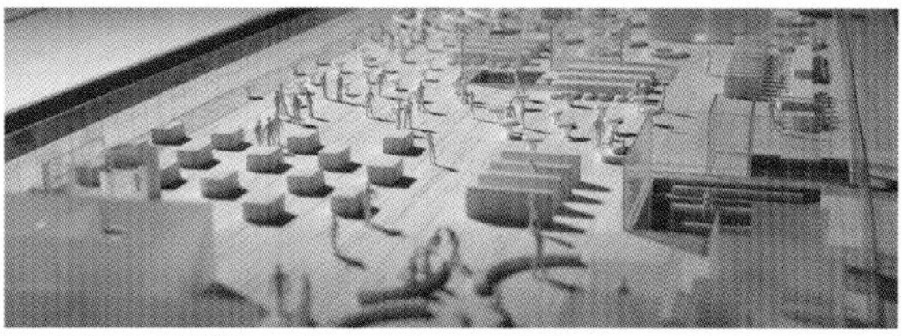

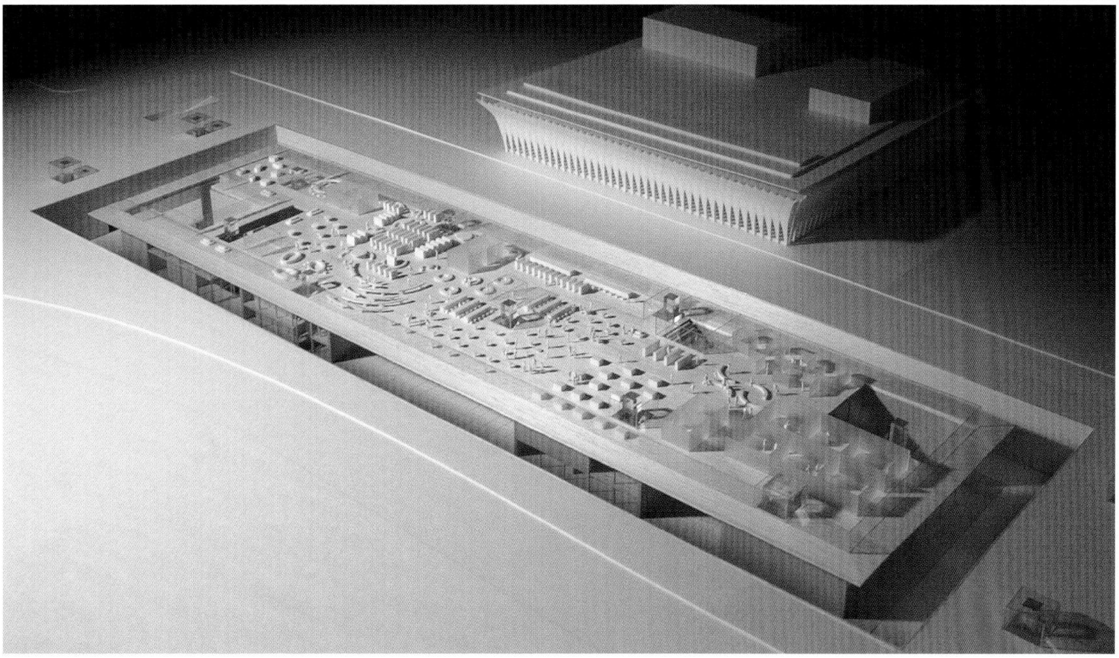

建築と混淆

森 雅 博

渋谷は、その名のとおりまさに谷の街である。駅を中心に大量の人や車が溢れ、狭小の路地や坂道には隙間なく雑居ビルが建ち並ぶ。大勢の人々が行き来するこの街の賑わいは、自然発生的に増殖した密度の高い業務・文化・商業施設の混淆から生まれている。

渋谷ヒカリエは、まさにこうした渋谷独自の文化とも言える「混淆」を体現した建築である。オフィス、劇場、イベントホール、クリエイティブスペース、飲食施設、商業施設等の多用途で構成されており、これらの利用者をできるだけ積極的に混在させ、シナジー効果を生み出すことで、街に賑わいを発信し、新たな渋谷の起爆剤となることが求められた。

そうした中、渋谷ヒカリエは「混淆溢れる渋谷の街を縦に積層する」ことをコンセプトに、計画が進められた。

“街路”をエレベーターやエスカレーターに置き換え、建物の外観にダイレクトに表現されているように“用途”毎のブロックを垂直に積層し、その狭間に共用のロビー空間“交差点”や屋上庭園“広場”を計画することで、様々な人々が交流し、偶発的な相乗効果を生み出す場を創出した。これにより、渋谷ヒカリエ発の新しい文化や生活スタイルが創出されることを期待している。

この建築が渋谷独自の文化と魅力を継承し、再構築し、次世代の渋谷のマイルストーンの一翼を担うことができれば幸いである。

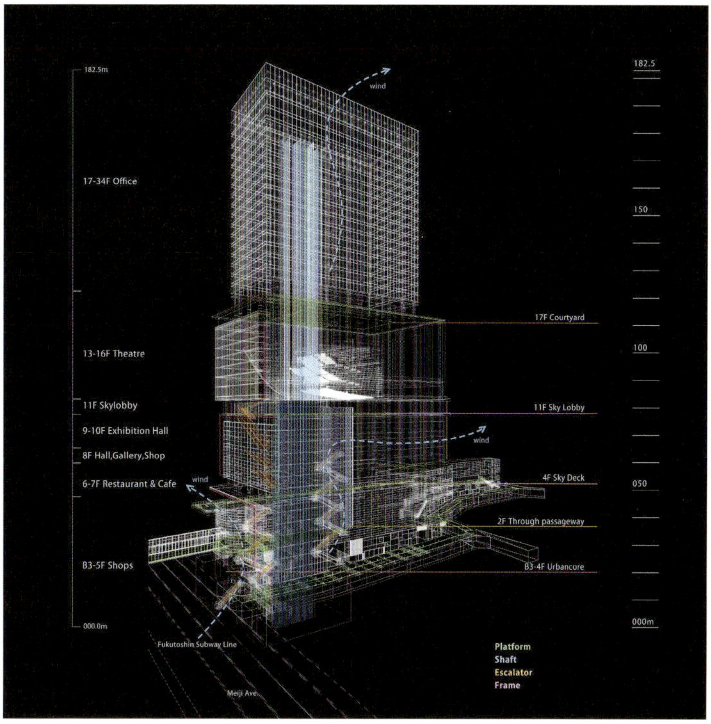

建築と都市

ニエシア

私たちの日常生活を包み込んでいる都市は、自然や建築物、インフラ機能など様々な要素で構成されている。その中でも都市の精神や活力を表す最も重要な要素を、私は「開かれた場」であると考えている。そしてそれこそが、私の建築設計における「ORIGIN」である。

「開かれた場」について、建築家槇文彦氏はこう述べている。

『どの建築も都市に対して開かれた場が必要である。その開かれた場は回遊性と経路の選択性が多いことにより、空間体験を豊かにしてくれる。』

建築と都市の間の豊かな空間は人々を集め、そこでの活動を誘発し、そして公共空間を利用するあり方の可能性を広げるものだと考えられる。そのようなことを考えて取り組んだのが、このコンサートホールの設計である。

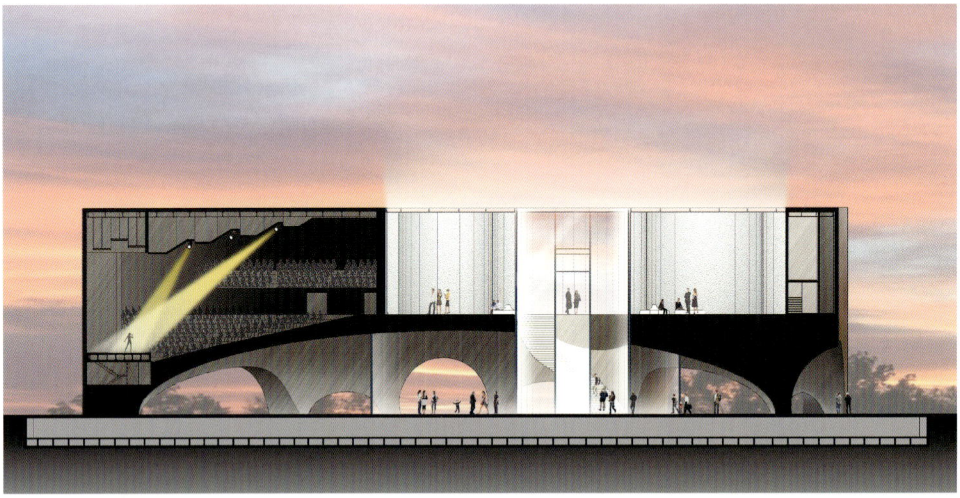

この劇場建築における「開かれた場」とは一階のシェルホールのことである。この半屋外空間は一階のシェルホールと二階の劇場とを繋ぐエントランスであり、ギャラリー、イベントスペースといった、一般市民が使用したり活動に参加したりすることができるフレキシブルな空間も含んでいる。木の幹のように伸びる放射状の平面により、建築と都市との接触面積を最大化し、窪んでいる建築の立面により、外部を通行する人々の視線が建築の輪郭に沿って奥へ奥へと誘われる。そして、ランダムに開かれたアルコーブ状の入口は、この建築と都市空間を繋ぐ多様な経路を提供し、そこでは豊かな空間を体験できる。

建築と愛着

長瀬遥香

目に見えるかたちをもち、そこに長くあり続けるものであるのだから、建築家は誰からも愛される建築をつくり、つくられた建築は全てを許容できる存在であるべきである。

アルド・ファン・アイクは「子供の家」の設計において、誰にでも適応しなおかつひとりにとって特別な意味のある空間を創作理念とし、原単位のユニットをその上位のユニットの周りに集め、中庭や通路で全体としていく構成とした。さらに、柱を中心に床に描かれた円や中庭の小さな水盤やフラットな地形に設けた段差などで領域を生みだし「心を誘う形態」によって子供たちに空間を発見させようとした。

建築を使う人々が自ら空間の使い方を発見することが空間、建築への愛着となる。

提示する建築は「Home for children」と名付けた50人の

平面図 0 2 5 10(m)

不登校児、引きこもりの子供たちのための児童養護施設である。この案では50人の子供たちがホームといえるくらいにプライベートな場所、空間性というものを大きなハウスの中で獲得するために、段差を用いて様々な領域を用意した。ベットが置かれているプライベートな空間以外の領域の使い方を設計者は規定してはいない。領域のアイデンティティの解釈を利用者に委ねている。プライベート空間の隣の領域を共有空間との距離を取るための通路として捉えるのか、ソファーや机などを置き、プライベート空間と共有空間とを繋ぐものとして捉えるのか。また歩くという身体行為に直接影響をあたえる段差によって領域がつくられているため、普段の生活の中で常に領域を意識する。こうして周りのものや形態を気にかけ自ら解釈することで愛着を感じるのである。

学校

食堂

居室とリビング

建築と動性

高山峻

建築と彫刻の決定的な違いの一つとして中に人間が入るということ、つまり「動くもの」が要素として内包されるという点があげられるだろう。ところで、近代建築においては空間の分節とその相互貫入という手法が登場、また近年では逆に内外の境界を曖昧にするという手法が登場したという過程がある。しかし「境界をいかに設定するか」という発想自体は変わっておらず、その限りでは両者に差はない。ここで「ピラネージの牢獄」を取り上げる。そこでは空間全体がほぼ動線のみで構成され、「部屋」という単位が排除される。いうなれば空間の内外、裏表という関係を全体的に排除している。また、その空間が無限に続くかのような表現により「閉じる」ことなく逆説的に「牢獄」を実現している。つまり外部は無いという表現であり、ここでまた内外、裏表という関係を排除している。ピラネージは「表裏性のない空間」を「動線のみで構成する」ことで試みたとは考えられないか。これを1つのヒントに、空間性でなく「動線性」という観点で空間を考えることで「境界設定」という発想から離れ、根本的特性として「人間という動体」を内包する新しい建築の姿を探求する。これが卒業設計にて試みた、興味の原点である。

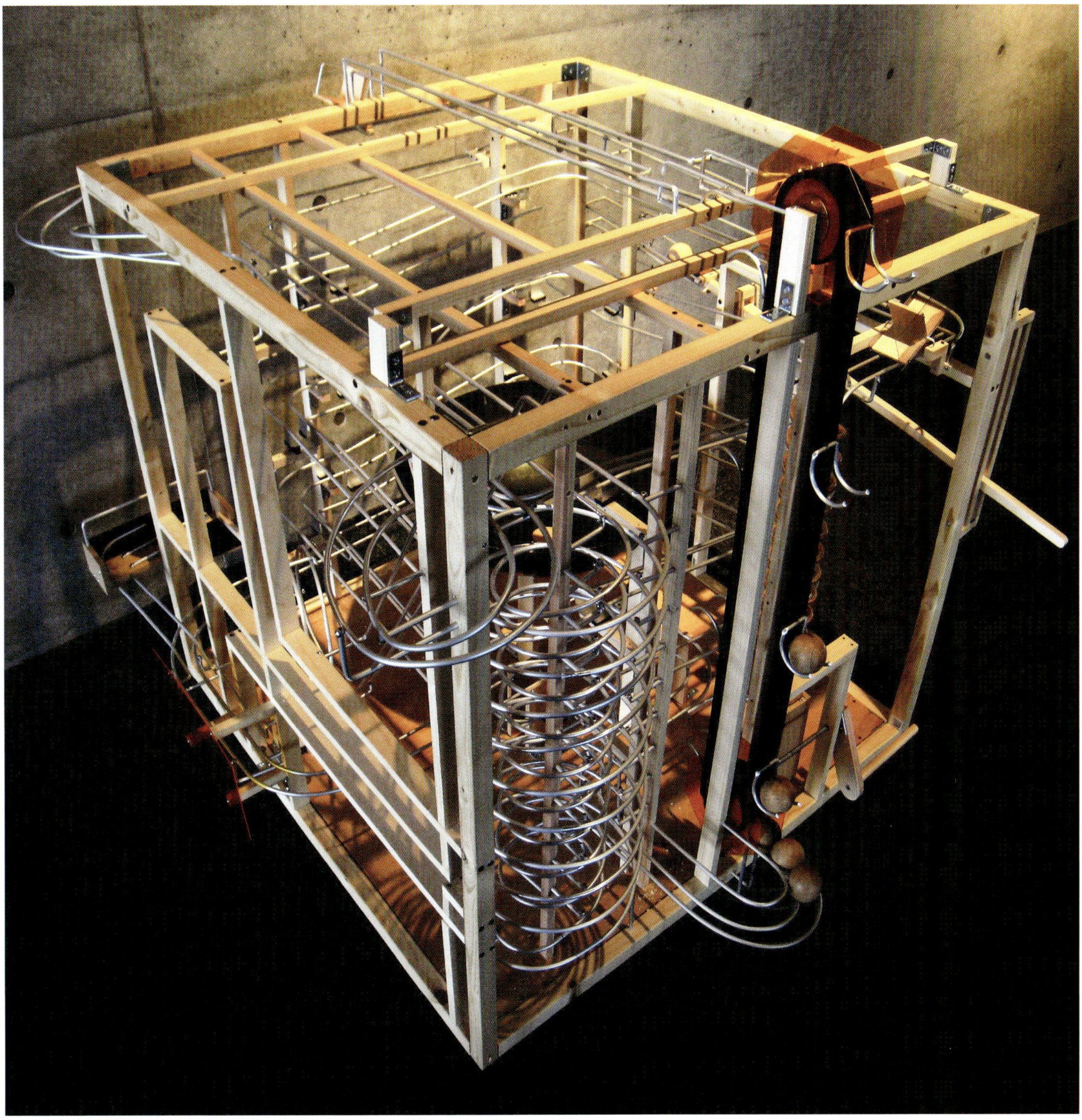

建築と行為

若江直生

電子ディバイスの普及は加速し、本の電子化が進んでいる。

インターネットを通じて、いつでも、どこでも本を読むことが可能な時代が到来している中、物体としての本を読む空間、中でも図書館とはいかにあるべきだろうか。

数ある書物の中から目的の書物を手に取るまでの過程において、私たちは様々な偶発的な経験をし、新たな目的を発見することや、予想外な知識を得ることができる。

こうした過程における本を手に取る行為、あるいは本を読む行為に着目した時、行為（アクティビティ）を誘発する、あるいは行為から派生する建築空間とは何か。

敷地は京都府、国立国会図書館関西館の背後の山林である。

国会図書館では、主に本または資料の収集と保存を目的とし、公共の図書館のように一般への貸出サービスなどは行わず、原則閲覧のみが可能である。

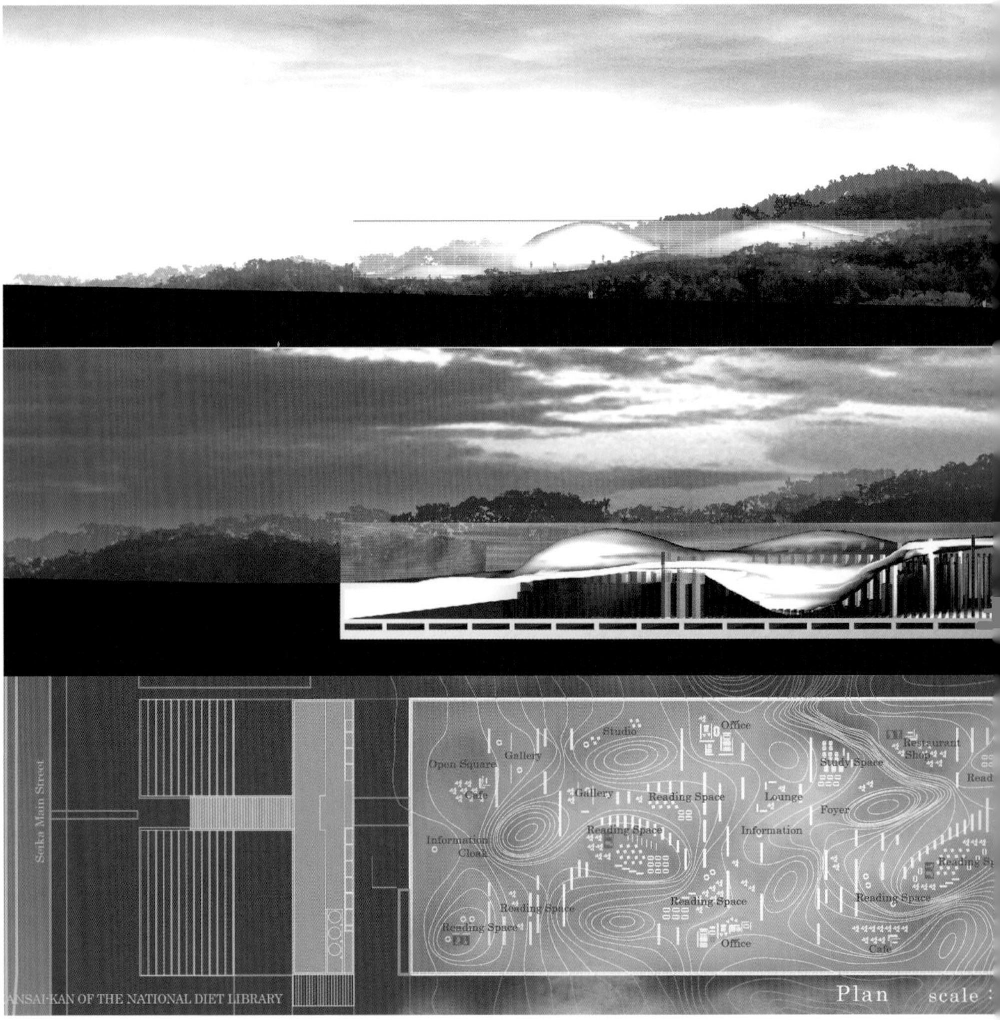

このあらゆる書籍が閲覧可能な国会図書館に、本を探し、手に取り、読むという行為を体験できる広大な公園、あるいは様々な本を巡り観賞する美術館のような空間を付加する。

敷地の傾斜のついた山肌の造形、等高線を生かし、床そのものを構造体としたスラブを隆起または沈降させる。これにより本を読む場所（滞留空間）、探す場所（通過空間）を緩やかに、かつ連続性をもった広大なワンルームの空間を形成することができる。またスラブの下部は閉架の書庫として利用し、資料の収集、保存の機能を担う。

周囲の自然と視覚的に一体となった公園のような空間の中、斜面に沿って平行に配された書架を巡る。

ここに存在する空間は即ち、森を散策し、一休みして斜面に寝転がって本を読む、そのような原初的な行為を誘発させる建築空間である。

建築と風景

西川 拓

平面図と地図の違いに興味がある。両者とも言うまでもなく、人間の活動する場を上方から記録したものであるが、後者は前者に比べてあまりに大きく、地球が実は球体であるという歪みをその記録に内包できていなければ正確でなくなる。そのために様々な記録法が地図にはある。

そしてたとえば究極的に大きな場に身をおけば、部屋の向こう側に自分の背中を眺めることも原理的には可能なはずである。体験される風景に対応した記録法がその都度あってもよいはず。そこで以下の写真のような実験をした。大きな球面の一角を敷地とした住宅である。この住宅では小さな地平線の先に家の内的風景が広がり、歩くにしたがってそれらが見え隠れする。フラットな家に比べれば遠くのものはより遠くに、近くのものはより近くに感じられるような「強焦点的な」場である。これはまさしく上述した、歪みをもった場であり、その歪みを記録した平面図があってもよい。それは自分が今いる場所を焦点とし、近くのものはより大きく、遠くのものはより小さく記録された地図であり、動くにつれてその大小が変化し続ける動画的地図となるはずである。

私にとって建築のORIGINとは、大きな環境や現象の一画に偶然ひとが居合わせているような、その風景のことである。

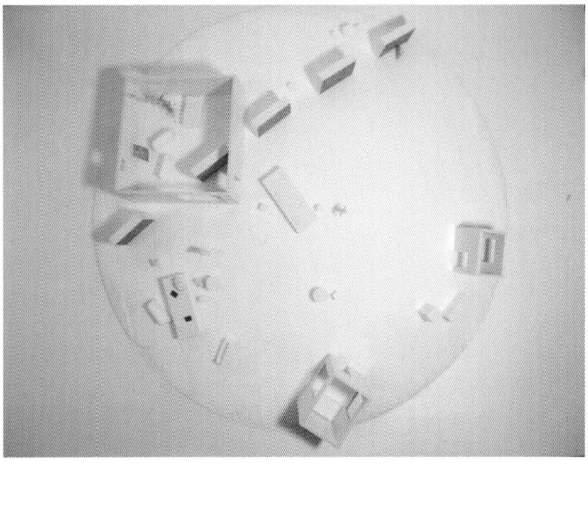

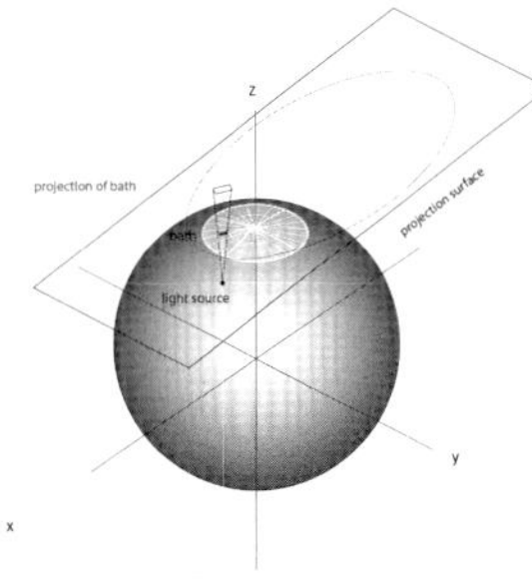

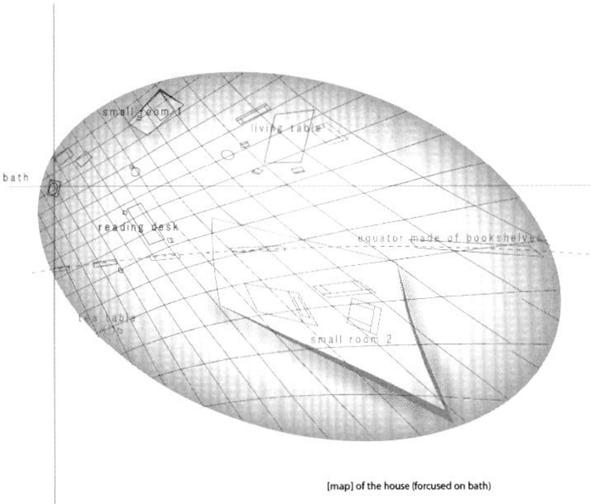

[map] of the house (forcused on bath)

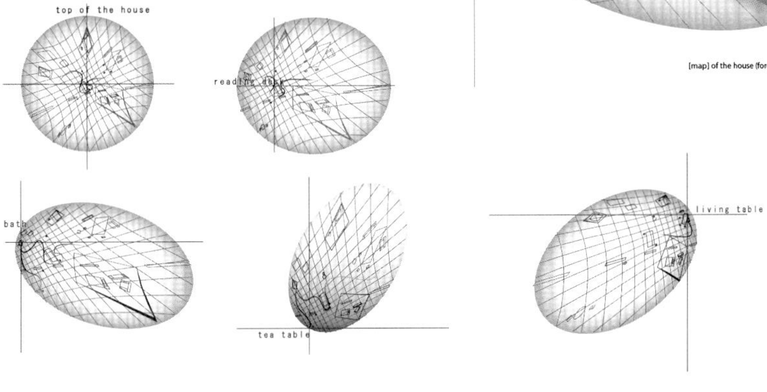

建築と豊かさ

山本 歓

豊かな建築とは、どういうものか。

ここに紹介するのは、東京都心部における住居併用オフィスの計画において、その課題に挑戦した、一つの事例である。

敷地は、オフィスビルと神社に隣接した、敷地面積20坪の狭小地。必要な床面積を確保するためには、必然的にフロアを幾重にも重ねた塔状建物となる。このような塔状建物の場合、土留め・基礎杭・躯体強度・外壁の施工性とその耐久性など、様々な技術的課題がつきまとう。

他方、敷地は、低層部では神社の豊かな緑に面し、高層部では間近に立つ東京タワーへの抜群の眺望を得られるという、高さによって異なる魅力をもった立地でもある。従ってこの計画では、南北に閉じて隣接するビルからの視線を遮りつつ、神社や眺望に対して開くように、全体デザインが構成されている。

下層部には、隣接する緑に面するようにシンプルな執務

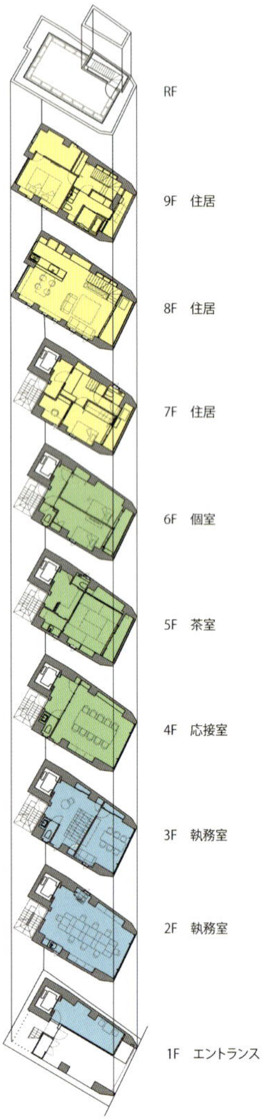

外観全景

外観夕景

外観遠景

外観見上げ

室を配している。上層部は、眺望や夜景をゆったりと満喫できるよう、落ち着いたインテリアの住居とした。それらの中間層には、仕事とプライベートの両方で利用できる、茶室や客間などの空間を設けた。

この計画においては、土地の狭さを逆手にとり、用途や特色の異なるフロアを、幾重にも上に上にと重ねることが、職住一体の様々な生活シーンに対応し、そこでの日々に豊かさをもたらしてくれるのではないかと考えた。

豊かな建築とは、面積や利便性のほか、構造強度や耐久性などの物質的な裏付けなしに、成り立つことはない。ただ、それだけで成り立つとも思えない。光や風や緑、開放感や静謐感、落ち着きや癒しなど、数字でも言葉でもなく、人の感性で評価される価値こそが、豊かな建築を創り出すのではないだろうか。すなわち、この国の風土が育んできた、その国の文化を慈しむ、その国に住む人の心こそが、豊かな建築の始源になるのだと思う。

8階リビング

8階リビング

5階茶室入口

5階茶室

3階執務室

エントランス

ORIGIN Ⅱ

建築はかたる

建築と神話

海老塚啓太

新旧・東西問わずあらゆる神話の中に建築は登場し、神々の世界を構築する要素や物語の舞台として、重要な、象徴的な役割を担ってきた。それらは大別すると、人の業の入らない既に存在しているものとしての神々の住処や聖地（エデンの園、ヴァルハラ、竜宮など）と、人々がつくり上げたそれら理想郷に比肩し得るもの（バベルの塔、バビロンの空中庭園、アトランティスなど）の二種に分類できる。共通する特徴としては規模や装飾の過剰さといった人智を超える超越性があげられるが、古代から近代に至るまで永く建築の本流であった神殿や教会といった宗教建築の数々は明らかにここでいう後者と同様であり、人の手によって人智を超えようとする数多の試みが行われてきた。

森田慶一は『建築論』において、ウィトルウィウスの「強・用・美」の三様態に「聖」を加え四様態としたが、建築が歴史の中で挑み獲得してきたこの超越性こそが「聖」性であり、ここに建築のORIGINが在ると考えられる。

外観図

さて、この作品「ARK」は、旧約聖書の『創世記』に登場するノアの方舟をその主題とした、海上動物園である。プログラムとしては、a）ワシントン条約（絶滅のおそれのある野生動植物の種の国際取引に関する条約）附属書Iに規定された動物の展示、b）レッドリストに記載された動物の遺伝子情報の冷凍保存、c）原子力発電所の運用、の三つの柱からなり、平時は野生動物の危機に備え世界中に啓蒙を行い、有事の際にその力を発揮させるという、原子力爆弾に対抗するような概念として、正の抑止力として働くことが想定されている。a)、b)、c）のそれぞれは現代に宗教の代わりに蔓延っている思想（商業主義、倫理観と科学技術）への挑戦であり、折しも先の大震災によって科学技術への盲信はバベルの塔やイカロスの翼と同じ運命を辿ってしまったが、人智を超えたもの、つまり神話への挑戦が建築の、そして人間に与えられた定めなのだろう。

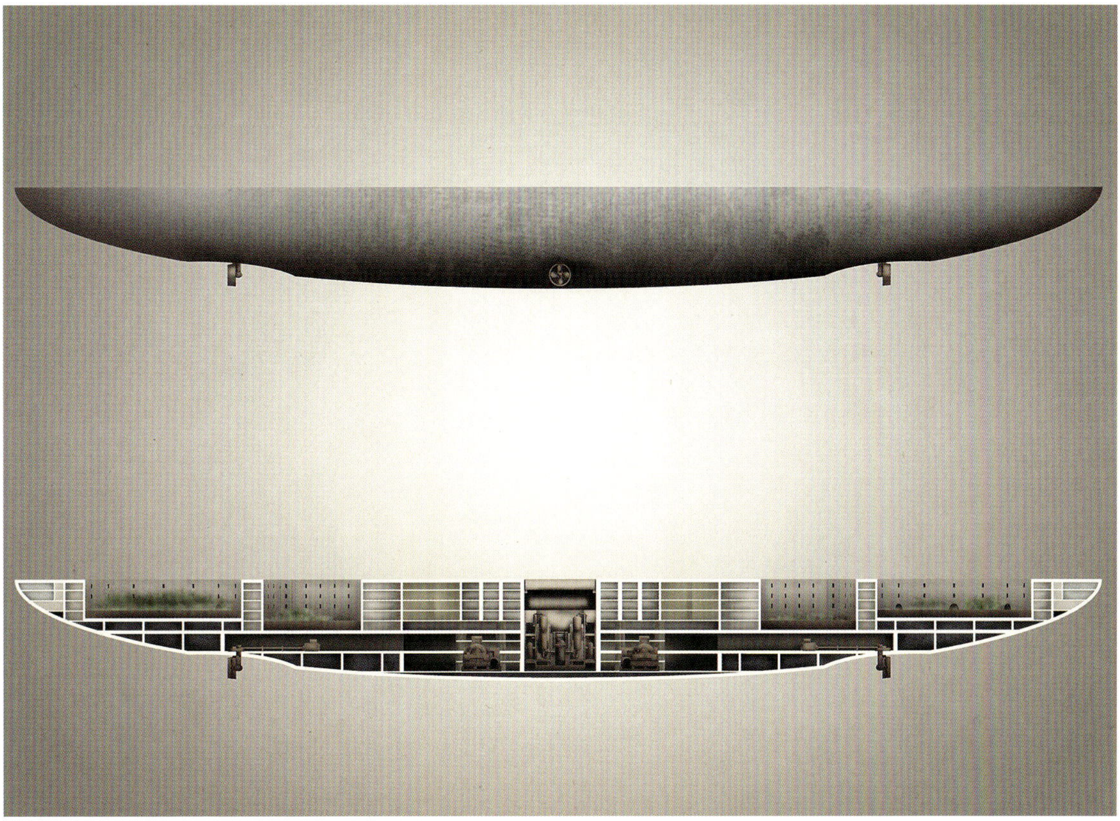

上:立面図　下:断面図

建築と経験

田中敬

Architecture as Experienceware　建築は未だ実現しない筋書から既に得た記憶まで、“経験” と人を繋ぎとめる器である。

たゆたう時間の中で流体のようなその存在を溜め、人それぞれの時空間の中で建築は、人が過ごす時間の様々な断片、日常生活の多くを満たす「遊び」、「働き」、「学び」、「食べ」、「眠る」から、時にほんのわずかな一滴でも石をも穿つ強度を持った特別な“経験”（Experience）としての、「美」、「音」、「光」、それらが組み合わされ強化された「祈り」「祝祭」の時空間まで、人生の様々な断片をカタチ作り、そしてつないでいる。人生がある人の時間軸上に紐付けられた：集められた様々な場所での “経験” によってカタチ作られているとするならば、建築もまたある場所に物理的に紐付けられた：集う人々の幾つもの “経験” の重ね合わせによって全体像をカタチ作られているといえる。人はその建築の潜在的に埋め込まれた “経験”：ORIGINに惹かれ、集い、交わり、逆に建築は人を惹きつけ、得られる “経験” を糧としてORIGINを強化し引き継いでゆく。

Experience©　建築はあらゆる “経験”（Experience）にcopyright ©をつけ自らの中心に置こうとする経済の真っ只中にある。

あらゆるモノがコモディティ化（均質化、汎用品化）へと向かう時代、ハードからソフト、ソフトからサービスへと転換を図ろうとする世界にあって、「テーマパーク」から「コーヒーチェーン」、「コンピューターショップ」まで、実際のところそこで提供されているのはアトラクションやコーヒー、コンピューターではなくそれでしか得られない “経験” であり、それこそがものから人、時間までを統合した “経験” を媒介とする “経験経済”（Experience Economy）である。建築は本来的にそれを内包しているからこそ、“経験の器”（Experienceware）として、常に形態（Form）の飽和と闘いながらも、しかし “経験” をカタチ作り、物理的に結びつける錨として確かにこの世界に存在し続けることができる。それ故に建築にとっての “経験” は、Designの中において形態（Form ≠ Design）と同等かそれ以上の存在、欠かすことのできないORIGINとしてそこにある。

Form follows Experience.　建築は環境の中で内在する “経験” をどのように顕在化し強化することができるだろうか。

モダニズムの父、Louis Sullivanの「形態は機能に従う」（Form follows function.）という言葉に対し、function（機能）が変化し続け複合化する現在においては、形態は独立した機能というよりもむしろそこに内在する “活動”（activity）や “運営”（operation）の流れ、すなわち “経験”（Experience）に従う。モダニズムの中でも視線の誘導・展開を図るミースの壁、コルビュジエのスロープに見られる動的な空間のつながりによる “経験構造” は、近年作られた生産ラインに沿って内部のプロセスを積極的に見せるガラス張りの工場やデリバリーセンター、機能よりも “経験” の側面からグッゲンハイム美術館のような螺旋状の空間構造を持つ自動車ミュージアムなどに多く見られる。そこには、Experienceが結果的に独立した断片ではなく連なりとしてあるが故の “活動のつながり” を見せる操作の必然性、すなわち “経験構造” の「見える化」がある。

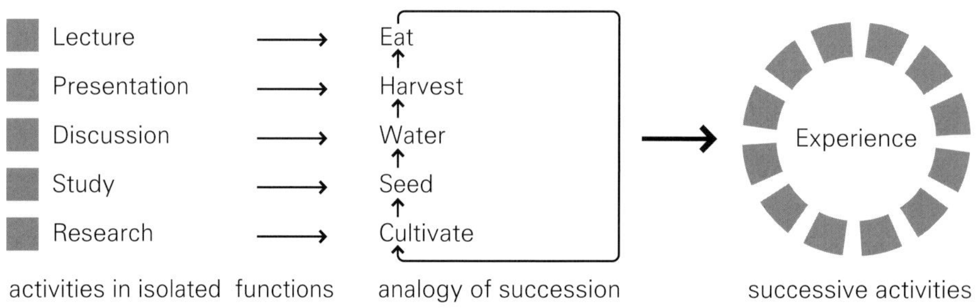

The Architecture Formerly Known As LIBRARY　これはある大学の嘗ては“図書館”と呼ばれた建築の建替えプロジェクト。

近年、多くの建築形式（Building Type）が社会情勢、経済情勢に基く変革、むしろ逸脱を迫られる中、図書館もまた例外ではない。“滞在型図書館”というコンセプトもその中の試みの一つであり、そこにはギャラリーを組み合わせたり、カフェを組み合わせたり、図書館を単に機能的な場所としないための滞在＝“活動”の重層化によるそれぞれの“経験構造”を再構築しようとする試みがある。ここでは大学というsituation（状況）の中で、単に本を収納し学生に提供するための場所ではなく、多様な情報を探し出し理解する段階から討論を経て発表の場まで、社会で求められる能動的なプロセスに即した「学びのサイクル」として経験し身につける場所を目指し、その経験構造を再構築している。この建築はそうしたExperienceを受容する器であり、音環境に応じて各層に振り分けられた“活動”を動的につなぎ、独自の“経験”を構成している。

Experience: the identity of the university　キャンパスライフとして大学独自の“経験”を体現する建築。

この建築は一義的に学生にとっての居場所づくりをその目標としている。それは本来的に大学で提供されるのが、単純な知識でも教科書でもそれらを網羅する講義でもなく、キャンパスライフと呼ばれる経験であり、その中で重要な部分を占めるのが講義室以外での学生の能動的な学びだからだ。しかしそれを促進しうる、例えば建築学科の学生にとって“製図室”として当たり前のように存在する大学での“居場所”は、特に文系の、研究室に所属しない学部生にとっては無いに等しい。その“居場所”づくりこそが大学における“経験”づくりとなり、ここでは毎日学生が使うキャンパス動線が建築の中に置かれることで“経験”が「見える化」され、“学びのサイクル”が建築内にとどまらない、文字通りキャンパスライフとして波及することを狙っている。この建築を以って、内包する“経験”それ自体を大学のidentity（独自性）として主張している。

Section follows Experience.　断面は、最下層の“本の森”から順にこの建築のExperienceをたどりながら、activityを内包した“Active Learning Space”を抜けていく。その中をそのExperienceを追体験するキャンパス動線が通っている。

建築と写像

阿波野太朗

時代を重ね、数えきれない建築が生まれ、消えていった。同様に多くの建築が調査や推測によって復元されてきた。あるいは、復元しようという試みが起きている。建築や場所の記憶といった形無きものをこの世界に繋ぎ止め、身体によって感じることは、いかにして可能になるのだろうか。

京都にはかつて西寺という寺院が存在した。その名から推定される通り、教王護国寺・東寺と対を成すようにして、平安京遷都時に建立された西寺は、双子である東寺とは対照的に荒廃し、忘れ去られ、歴史の片隅へと埋もれていった。この建築はその西寺の、いわば復元の計画である。その手法は以下の通りである。調査や記録に基づき、かつての伽藍配置と同じように、直径一尺の柱が並ぶ。柱は伽藍

の高さの半分で、地中に掘られた面に立つ。

その柱が支えるのは鏡面の天井である。鏡の写す像と現実の空間が重なり合い生まれる空間は、かつての伽藍が誇った高さ、という仕掛けだ。つまりこの空間は、現実と虚構、それらが互いに補完し合うことで生み出されている。この建築は虚と実とを接続する一つの装置として働いている。揺らめく鏡像は千年前の空間の記憶を喚起させるべく、私達の感覚に呼びかけるのである。

歴史や記憶といった微かに漂う無形の気配を建築という物質へと転写し、この世界へと接続すること。建築はあらゆる写像を映しこみ、その存在を顕在化させる一つの装置と成り得るのである。

建築と継承

土田昌平

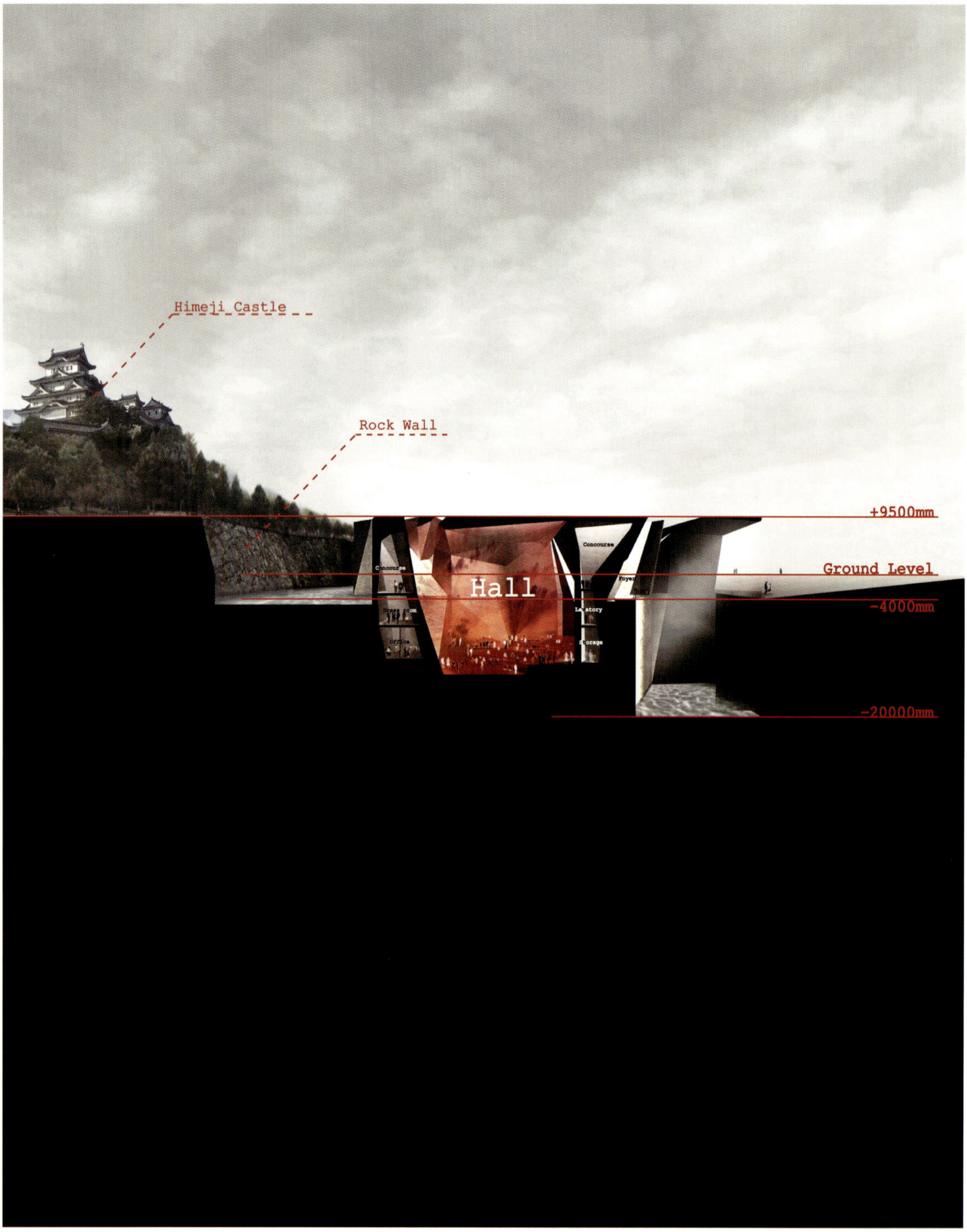
Himeji Castle
Rock Wall
+9500mm
Ground Level
-4000mm
-20000mm
Hall
Concourse
Concourse
Office

平成五年十二月、姫路城は日本で初めて世界文化遺産に登録された。姫路市は以前に増して、世界に誇る城郭建築の重要性を認め、保全のために奔走することとなる。その目的は、文字通り城郭が時を止めたように美しさを保持することであり、それこそが全てであった。

しかし、遺産に対するこのような後ろ向きな姿勢によって、城郭の価値はいつしか一人歩きをはじめる。市民には「姫路には城しかない」という悲観にも似た意識が醸成されていった。

姫路に必要とされるのは、城郭の力学を継承しながらも、そこに自らの時代性を重ね合わせようとする強い意志ではなかろうか。

本計画（卒業設計）は、姫路城への経緯の表明として、そして同時に新たな時代の重層としてこの地に成立する。まさしくそれは、建築を媒体とした「歴史の加筆」である。

ELEVATION

VOID

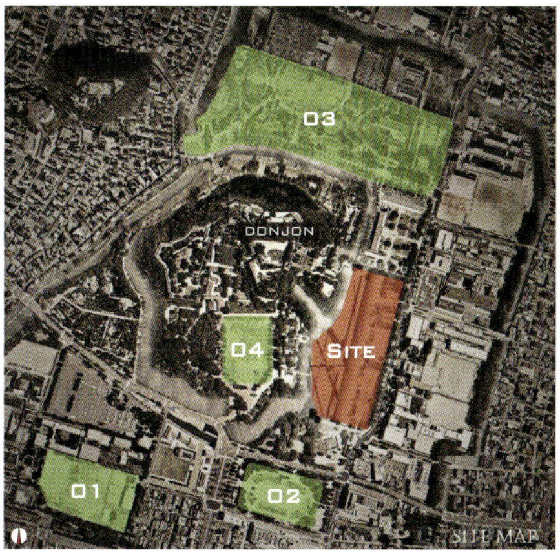

SITE MAP

OLD MAP

ROOF PLAN

建築とタイムズスクエア

平野利樹

資本主義社会において建築の価値が主に延床面積で決定されるように、近代建築以降スラブは建築を構成する要素の中で最も基本的なものとして、それを頂点としたヒエラルキーが固定化されてきた。そしてスラブの単純積層は構造や外皮などの他要素を最小限にしつつ延床面積を最大化させるという点から現代において最も支配的な建築原理となっている。しかし資本主義が最も極端に表象されるニューヨークのタイムズスクエアでは、屋外広告スペースの賃料はマンハッタン内のオフィススペースの平均賃料の数倍であり、床と外皮の価値が反転し、先述した近代以降の建築原理が無効となる状況が生まれている。「Times Square Re-imagined」は、従来の建築原理への批判としてタイムズスクエアにおける新たな建築原理を探求し、建築と広告が半自律的な存在として両者が一体となって効果が産み出されるような建築と広告の関係性を提示する。

建築の外皮全体は広告面としてLEDに覆われている。外皮の表面積を増大させ、また同時に地表面を開放し全ての広告面が視認可能となるように、そして広告面と視点の関

係性に基づいて形態は決定される。つまり視点と広告面との距離が大きい建築上部はLEDの解像度は粗く、表示面積は大きくフラットであるが、下部では解像度はより高く、表示面積は小さく、凹凸のある形態になる。従来の広告はそれぞれに適切な視点距離が設定され、それを離れると人は広告の情報を認識出来なくなったが、ここでは無数の焦点を単一の表面が持つことで視点の移動に合わせて異なる情報が伝達される。また何本もの脚に枝分かれした下層部では、広告が複数の脚にまたがり、従来の平面的な広告の在り方に対しより空間的な展開が可能となる。

脚には垂直動線が入り、上層部へは大きなプログラムが、そしてルーフには屋上庭園が設けられる。中央部は採光のためのヴォイド空間で、上部開口からは光、雨、雪が、直下を走る地下鉄に伸びる脚からはその騒音、臭気、蒸気がこの空間に送り込まれる。

これはあくまでもタイムズスクエアという一つの特殊な環境から導出された一つの特殊解でしかない。しかしそんな特殊解を追い求める中にこそ肉迫できる建築の根源がある。

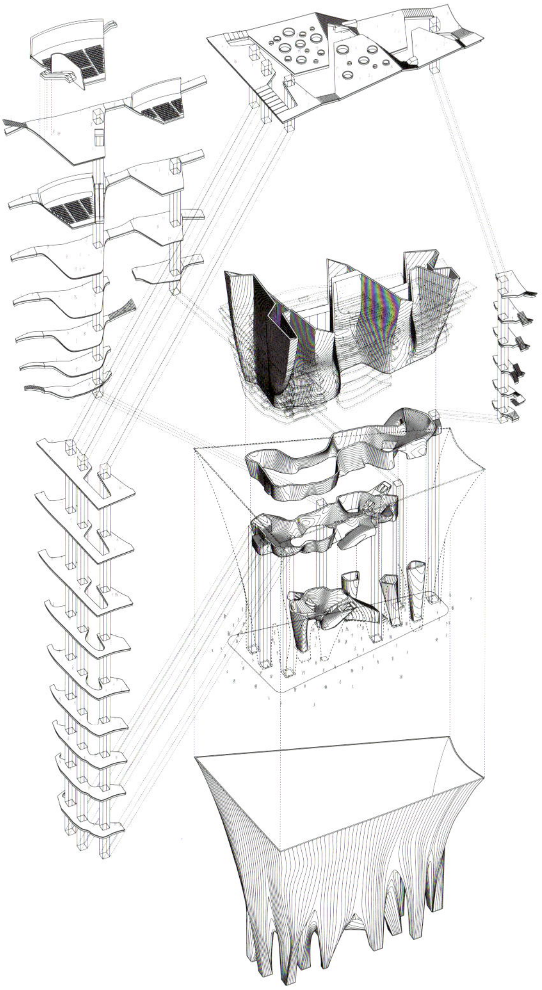

建築と商品

黒田隆士

研究室時代も卒業後においても、建築とは建築家の作品であると疑う余地もなく信じ続けてきた。だが自分がこれまで設計してきた建築は自分以外の多くの人々、とりわけ建築主にとっては事業のツール、即ち「商品」以外の何ものでもないという事実に、いくつかの設計を通じて改めて気付かされることになった。

事例１はある都市の繁華街に立地する間口わずか６ｍの商業テナントビルである。この建築を価値ある商品とするため、人々を誘引する仕掛けを備えたファサードの構築が求められた。ここでは複数の店舗が積層されることによって生まれる賑わいを表現するバルコニーを行灯に見立て、その手摺部分に穿たれた無数の孔から漏れ出すキセノンランプの温かな光と軒裏の鏡面パネルが織り成す演出によって、通りを行く人々の一日の疲れをそっと癒す情景を都市に描くことを目論んでいる。

同じ都市の最中心部に立地する築70年を経過した百貨店ビルのリニューアルプロジェクト（事例２）においては、商業的な要請による外装演出照明によって、再生した建築

事例1：全体外観

事例1：ファサード近景

の鼓動を表現することを試みた。防水上弱点となりやすい外壁パネルの目地部分に敢えて照明器具を隠蔽するディテールを考案し、あたかも建築それ自体が発光しているかのような表現に挑戦している。

そもそもこれらの建築において設計者は内部（テナント）空間に手出しをする余地がない。必然的に思考のほとんどが建築とそれを取り巻く周辺環境（都市）との関係性に赴くことになる。そこに思いを馳せ、モノをつくることこそが建築設計者の使命であり特権でもあることに改めて気づくこととなった。内部の設えはある程度使い手に委ねたってよいのだ。

多少極端な書き方ではあるが高松研究室で建築を学んだ僕自身の建築のORIGINとはおおよそこのようなことであり、「商品」をつくる立場となった今も変わらず心に留め置いていることである。

事例2：全体外観（リニューアル後）

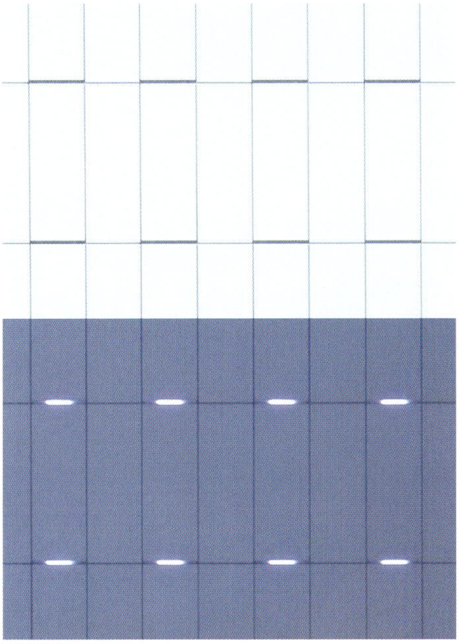
事例2：外壁ディテール（昼・夜）

事例2：ファサード近景

建築と広告

三島靖之

広告をつくる仕事をしている。まだまだ駆け出し中ではあるが、一応、名刺の肩書きは「コピーライター」。商品メッセージを魅力的に伝えるのが僕の主な役割。ポスターのキャッチコピーを考えたり、テレビCMのセリフを考えたりしている。もっとカッコイイ説明をすれば、コピーライターの一言でそのプロジェクトの方向性が決まり、すべてが動き出す！……のだが、そう簡単にはいかない。何が難しいかと言うと、「メッセージ」である。「この商品いいですよ！」と僕が声高に叫んだところで、誰も見向きもしてくれない。そんな見ず知らずの奴の言うことなんかに誰が耳を貸してくれるもんか。だから広告は、ちょっとでもこちらに興味を持ってくれるように、みんながビックリするよ

平面図

うなこと、思わず笑ってしまうようなこと、共感してくれるようなことをメッセージに込める。これは、実は建築と似ているんじゃないだろうか。建築もまたメッセージである。ココロを揺さぶるメッセージ。人間に対する、あるいは社会に対するメッセージ。それは時に内部空間として、時にファサードとして現れる。建築家は空間の代弁者であり、僕は商品の代弁者。建築家はカタチで伝え、僕はコトバで伝える。手段は異なるが、本質はきっと同じなんだ。コピーライターは広告の建築家。この仕事をしながら、ふとそう思うときがある。

断面図

建築と価値

石田恭子

建築だからこそできること。建築にしかできないこと。

建築を設計する立場から、不動産プロジェクトの全体或いは一部としての建築を発注・マネジメントする立場に変わって、建築設計に身をおいていた自分自身で最も意識するようになった価値基準だ。

特に集合住宅が関わる都市再開発プロジェクトにおいては、経済面（長期スケジュールを考慮した事業収支）、法律面（都市再開発法、区分所有法）といった事業的側面以外にも、数多のファクターがある。そこに住まわれている方々（地権者）一人ひとりにある信念やバックストーリーといった「理屈じゃない想い」、利害が干渉する関係者同士の「絶え間ない調整」、投資を回収する為の「商品づくり」。そして、公私なく時間を注ぎ、体力や精神力を限界まで酷使して整理した後に初めて、「目指す姿、本来あるべき姿としての建築づくり」を考えることができる。建築にこそ無上の価値を見出す人々からすれば、完全に本末転倒で唾棄すべき状況だろうが、巨額の資金や利害が衝突するある種の経済戦争の中ではこれも一つの現実だ。土地の価値を換算、事業期間を短縮して全体事業費を調整、資産価値を向上させる見栄えや仕様の設定、市場での販売単価を予測、その結果としての収支。そこにあるのは、全て交換可能な価値がなす序列体系──実は事業デザインそのものであり、建築の価値は一見して不在に映る。

とは言え、プロジェクトの日々の打ち合わせ、地権者の方々との会話の中で、実は「建築」の力が信じられていることを、最近確信している。「自分の孫の為に安心してくらせるように財産を残してやりたい」「正月に一族が集まることができるようになる」「今度のプロジェクトに決して全部満足している訳ではないが、次のことを考えていくいい機会」「地元のコミュニティが高齢化している中、若い人が入ってきてほしい」。建築専門雑誌や小洒落た雑誌に取り上げられるようなカッコイイ耳当たりのよいデザインワードとは程遠いが、そこにある声はまぎれもなくプロジェクトの根幹をなす価値そのものだ。そして、それらの価値が結晶化され、関係者の中心に立ち上がる目に見える求心力として建築は立ち上がる。

建築だからこそできること。それは、数多の人々が目指す先へ歩む為の道標であること。

一転して、利害の渦中にある不動産プロジェクトの中でも、時に過剰にも思える程のデザインに出会うこともある。一点の漏れもない理論武装や空間構成、精緻なディテール、刺激的な空間体験。建築を志した人であれば誰しも憧れるような内容であっても、提案内に建築よりも別のものを用いたほうが効果がある場合には、建築家から罵られようともその変更をお願いすることになる。大抵の場合、発注者は建築の価値（もしくは建築家やデザインの価値）をわかっていない、と解釈されてしまう。

あらゆるプロジェクトでは、価値（value）／費用（cost）／価格（price）をにらみながらプロジェクトマネジメントを進めていく。しかし、建築の持つ美的・思想的価値を建築家側からpricelessと定義づけられてしまう限り、発注者は建築家提案を無条件に受け入れない限り建築の価値を理解せざる者とみなされ、現実のプロジェクトでよくありがちな「理解不足の発注者」vs「独りよがりの建築家」の対立構造となる。

建築にしかできないこと。それは、交換不可能な価値を物理的に出現させること。

プロジェクトの規模に関わらず、建築の価値──「建築だからこそできること」「建築にしかできないこと」は常に潜む。ただ、巨大、巨額、多数の人間が携わる時ほど、それが露わになり、その実現の難易度が極端に上がる。完全な形で実現することは極めて稀で、むしろ不完全な形で実現されてしまうことを前提に考えたほうが、より完全に近い形で実現できるとすら感じる。

不動産プロジェクトは、土地も含めて街区構成まで改造する為、往々にして人間の寿命よりも長く社会への影響をもたらす。一つでも、多くのプロジェクトに建築の価値の種をひそやかに埋め込んでいき、遠い未来に建築の価値を伝えていく助けとなりたい。自身で図面をひいたりモデルを構築する訳ではないが、関係者一人ひとりの心にある価値観を交通整理したり、プロジェクトの与件づくりもまた、まだ見ぬ建築を構築する一部であると信じて。

建築と環境

谷口敬太郎

大阪市近郊の新しく整備された住宅地に建つ住宅である。近隣に住む家族の多くが、幼いこどもをもつ施主と同世代であり、積極的に近所づきあいをしたいということから計画は始まった。クライアントからの要求は、近隣の人たちとの親密な人間関係、自然を感じられるような快適な空間、そしてできるだけ電気に依存しない生活であった。そこで私たちは施主だけではなく近所の人も喜べるような、周辺環境と繋がった住宅を目指した。敷地の東西には隣家があり、南側にはこの地域のコミュニティの中心となる広場がある。私たちは隣家との間隔をできるだけ広くとり共有の庭をつくることによって、お互いが明るさを確保でき、建物を広場に近づけ大きい開口を設けることによっ

リビングからコモンガーデンを見る

て、自然に外部とコミュニケーションが取れるような提案をした。もちろん外と繋がるためにはなるべく窓を開放していなくてはならない。このために太陽の位置と卓越風向を緻密にシミュレーションし、窓を開けるだけで快適に暮らせる住まいとした。建築の「ORIGIN」とは建築そのものだけを考えるのではなく、建築の周辺環境との良好な関係を築くことではないかと考えている。私という意識をどこまで広げられるのか、私の敷地だけでなく周辺環境も私の一部だと考えられれば、もっと豊かな建築がつくれるのではないかと思う。

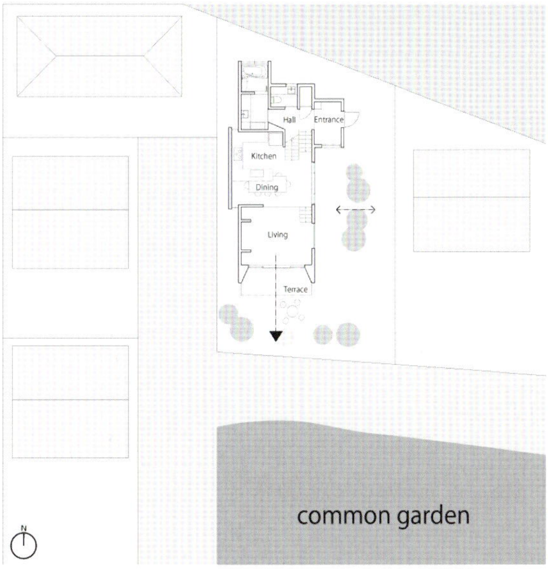

site plan

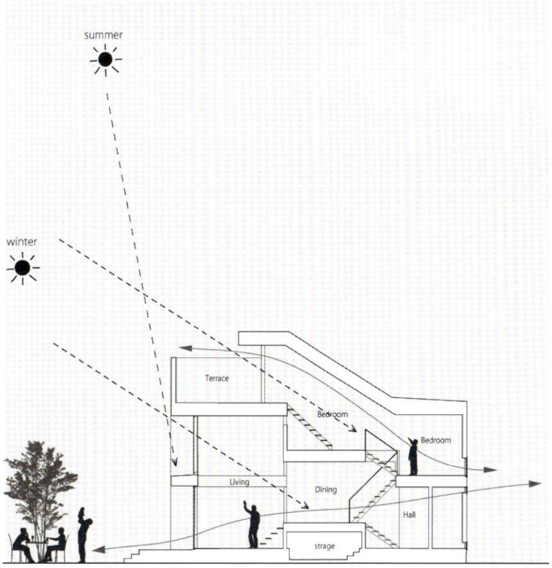

section

建築と公共性

畑友洋

どんな町を歩いていても、そこにはその場所ならではの風景がある。大規模な建築物から賑わう商店、小さな住宅までが、等しくその風景の一部となって現われてくる。誤解を恐れずに言えば、私は小さな個人住宅であってもそれは町にとってかけがえのない公共性を持った存在であると考えている。目に見えない公共性を持った文字通りのインフラで結ばれていることはもとより、厳然と風景の一部となって町を構成しているという意味においてである。そもそも風景こそ空間なのだろうといつも考えている。風景とは一枚の写真ではなく、多くの構成要素の関係性によって生まれる空間なのだと考えている。子供たちの声が絶えない風景や、ついわき道にそれてしまいたくなる風景。好ましいと感じる風景の裏には、それに向き合う人々のたゆまぬ思考と努力があるのだろう。だからこそ私は、どんなに小さな建築であっても、それが必然的に持つ公共性にこそ向き合っていきたいし、向き合わなければならないと考えている。それが建築と社会とのかけがえのない関係につながっていると考えているから。

撮影:矢野紀行

撮影:矢野紀行

建築とサンタクロース

前田京美

幸せをテーマに考えた。

場所は新潟県塩沢。魚沼産のお米で有名なこの地では、冬の間の手仕事として1200年もの昔から「越後上布」と呼ばれる高級な織物が織られてきた。それは、水に強く乾燥に弱い、苧麻と呼ばれる原料を使うため、湿気を保った環境で作業をしなければならず、また糸を作り出して1反の布として完成させるまですべてを手作業で行うため、織り子さんは居ざり機と呼ばれる機織り機と一体化して、3ヶ月間雪が積もる間織り続け、ようやく1反織ることが出来るというものである。そして、雪の解け始める3月初め、真っ白な雪が積もった田んぼの上に、出来上がった布が晒される。

それは、この豪雪地帯の生んだ神秘的光景である。

そんな越後上布の作業場を、今なお分業で行われているという特徴を生かして、宿場町としてかつて栄えたこの地を観光で活性化させようとしている意図に絡み合わせ、さらに、田んぼのために発達した水路のように町を流れに沿

織元

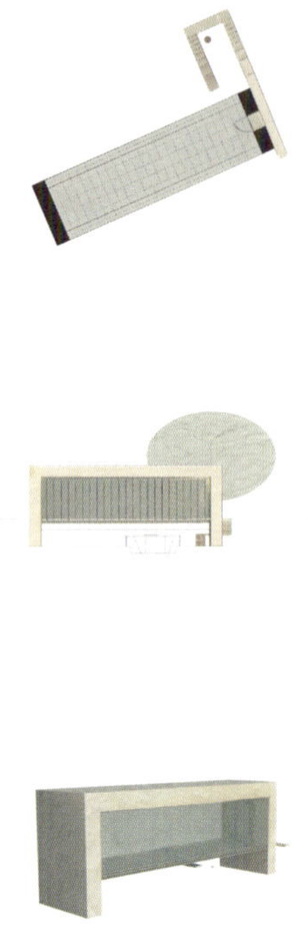

苧績み

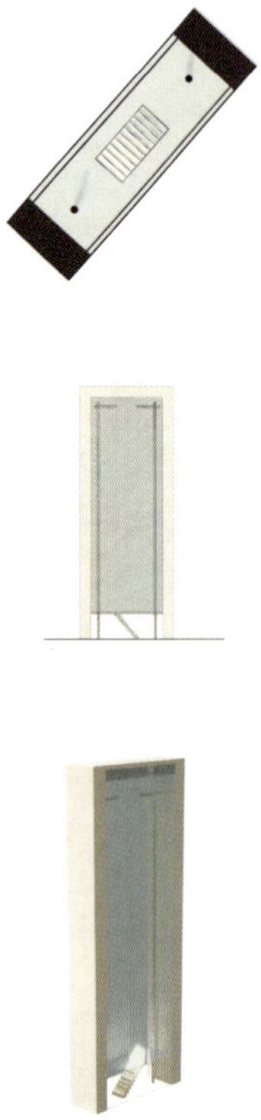

糸

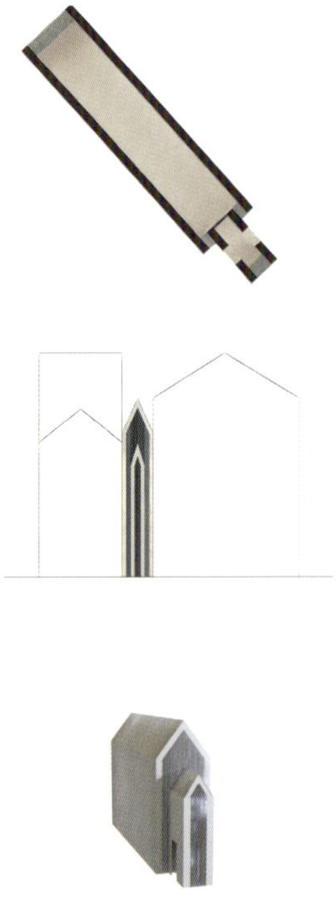

って歩くことで「越後上布」という産業を感じることが出来ることを願って、実際に歩いて感じた特徴のある6ヶ所に設計する。

“もの”をつくるということは、作り手にとって、作る幸せ、完成する幸せがあり、その幸せの付随した“もの”は、まるでサンタクロースが幸せをおすそわけするかのように、受け取り手へと繋がって、手に入れる幸せを感じさせる。

それぞれの敷地の環境を感じ、そして、今後もしかしたら幻となってしまうかもしれない「越後上布」を感じ、未来へと伝統を、幸せを、紡いでいく。そんなサンタクロース工場のような建築であって欲しい。

紐つくり

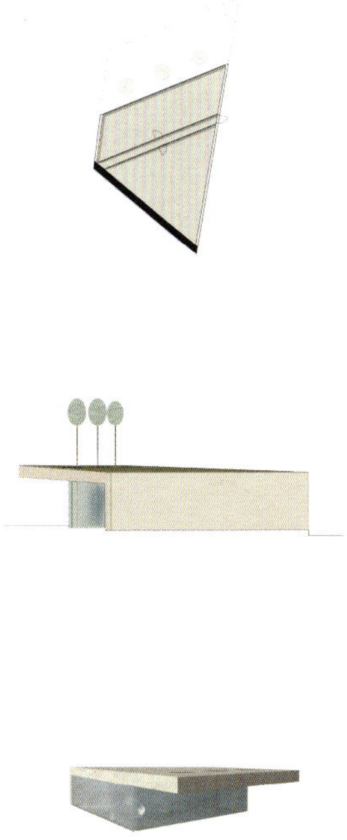

織り

洗う・雪晒し

建築と円居

宗本晋作

3.11以降、縁あって、学生と一緒に宮古市で小さな建築をつくっている。この小さな建築は、切頂二十面体（サッカーボール）を半分に切った形のドーム（直径10.0m、ライズ6.3m）で、六角形の構造パネルと五角形の開口部から成る集会所である。自分の体験は震災で起きたことのほんの一部であるものの、被災地の人々と向き合い、見て感じた建築の「origin」を伝えようと思う。

たとえ小さな建築にも、多くのつながりが秘められている。被災した大工、様々な企業からの材料協賛、建設中は横の仮設住居の方々からの差し入れ、住民や漁師の方々に参加いただいた上棟式、音楽ライブと組み合わせた竣工式等、周囲を巻き込む参加のプロセスにより、ようやく一つの建築が生まれる。竣工後も、仮設住居の住民の集まる場として、また宮古市や盛岡市の社会福祉協議会のサロン等、グループ活動の場として多様に利用され、より多様なつながりを紡いでいく。

海からの見上げ

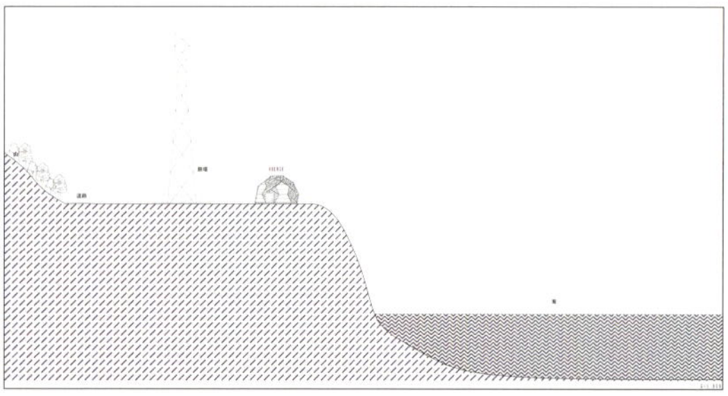

広域断面図

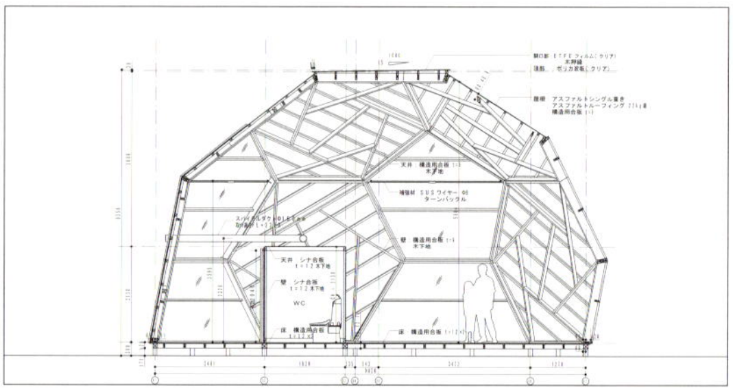

断面図

ほんの小さな場所でも、大勢の人が一同に会すとものすごく求心的な場所になったり、数人のためのただのおしゃべりする場所になったりする。人が集まると、そこに場が生まれ、人のつながりや集まり方に合わせて変容する。このつながりや集まり方は複雑で多様だが、これを受け止め、様々な人がありのまま、自由に集まれる場こそ、生活を豊かにする、本当の意味での豊かな建築の可能性を秘めている。

あるとき自分たちのつくった小さな建築を海から見た。陸地からとは全く別の姿である。海からの見上げは、灯台のように象徴的であり、漁師の方の愛着がなんとなく理解できた。人は、建築がなくてもつながり、集まることができる。でも人の集う場に建築が求められるのは、たとえ小さくても、人と人をつなぐ「円居（まどゐ）」となるからである。

日常

乾杯

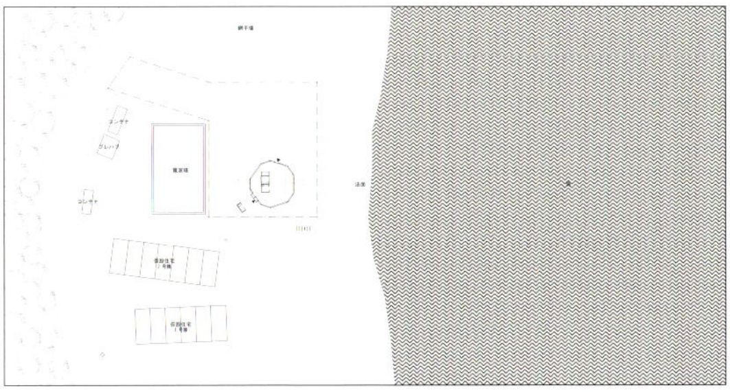
配置図

音楽ライブ

建築とおしゃべり

荻原雅史

先日旧くからの友人と酒を酌み交わす中で、ふと「建築について分かる本はあるか。」と聞かれ、言葉に詰まる。いわゆる建築専門書や『粗い石』、『五重の塔』のような本はあるが、よもや現代の建築、建築家についてある程度深く扱ってる本があるだろうか。かろうじてランドの『水源』が頭に浮かぶ程度。

また、ある個人住宅を設計している時、施主からこんなメールをもらう。「いよいよ家の形が見えてきそうで、楽しくなってきて、土間とFix窓の情景を想像してみました。

子どもにとっては、襖が舞台の幕の役わりをしたり、かくれんぼの道具になったり、土間で遊んでいる子たちをリビングから眺めたり。年寄りやご近所さんが来たら、土間でお茶したり外を眺めたり、ほのぼのしそうです。

主人がいない昼間お友だちが遊びにきてくれたら、日差しによって襖で調整するか、全開も気持ちがいいですよね。」

両者の出来事から、文学により建築を語ることが如何に難しいか、建築から文学的表現をおこなうことが如何に創造力をかきたてられることであるかを感じ、その違いに興味を覚える。

建築とは、一方で非常に観念的な要素をもつものの、必

リビングから土間を見る

ず物質性・身体性をともなうものである。また、どんなに科学的、論理的に建築について論じようと、建築が生み出される瞬間には、多かれ少なかれ設計する各々の思考的飛躍が介在する。故に文字だけで的確にその建築自身を捉えることは難しい。

他方、建築をつくる過程においては、非常に多くの人間と非常に多くの対話が積み重ねられる。全体の建築構成から、手摺の納まりに至るまで、微に入り細に渡りそのつど決断が必要となる。その決断が建築の至るところに目に見えないかたちでひたすら寡黙に積層される。豊かな建築であればあるほど、その積層は非常に深いかたちで建築に形として刻まれ、自身が寡黙であるにも関わらず多くの言葉やシーンを人に語らせる。

建築を語ることは実に難しく、建築は実に多くのことを語る。

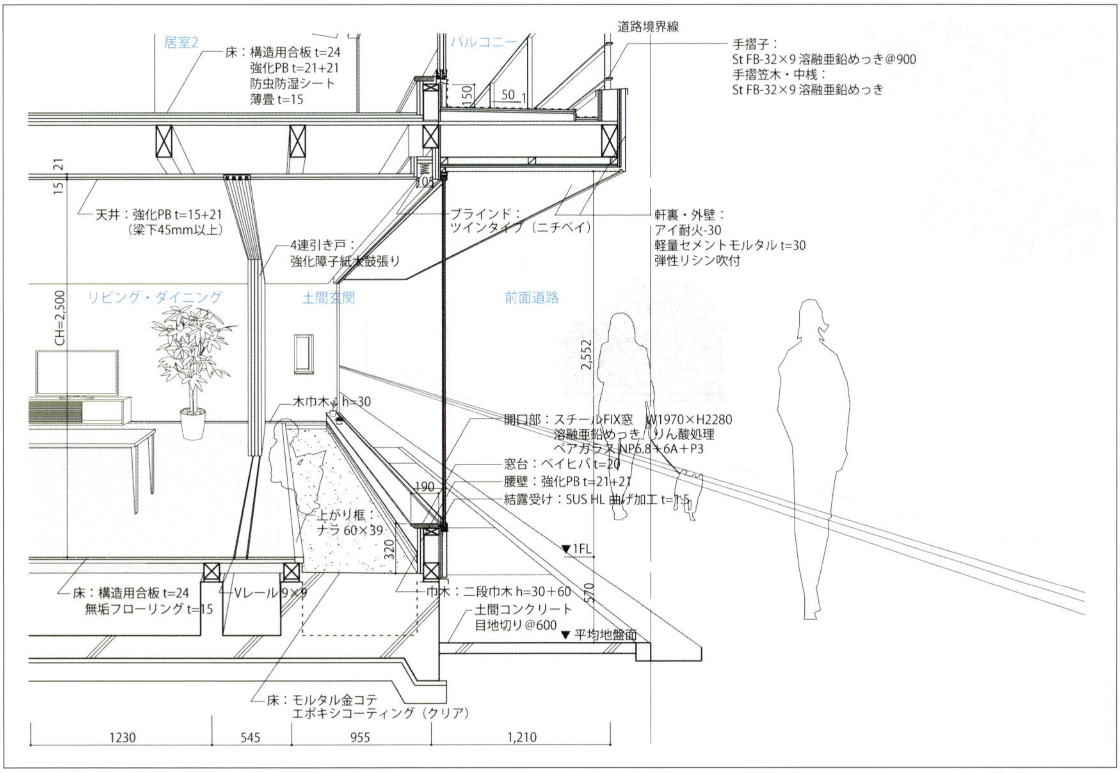

土間部分詳細図 1/50

建築と風景

古川嘉久

記憶――どこへ進むかを知るために、どこから来たかを忘れてはならない　というのは、とある一流シェフの言葉である。

建築とはとても原始的なものであり、古くから人々は多くの建築や都市を作り、それらの集積が私たちの身の回りをかたちづくっている。その事実を改めて見つめなおし、一過性の流行におもねるのではなく、長い時間・歴史に接続するものとして建築を考えたいと思う。

建築の個々の技術や手法一つ一つに目新しいものはないが、現代の機能やプログラムを手がかりに徹底して合理的に単純化する作業を積み重ね、そうした合理性の先に白いキャンパスのような包容力のある空間を創り出すことができるのではないかと考えた。

設計するにあたり、自然を相手に、大地へと挑む会社から提示された構想は、部門を越えて一体となり、世界の拠点となるようなワークプレイスを創るという極めて野心的なものであった。

「見える化」を推進する世界的企業のアイデンティティを示すため、合理的かつ透明で開かれた空間を目指し、外部

正面から広がるビオトープと白いグリッドフレームが調和する　photo: 島尾望

は構造体であるシンプルなグリッドフレームをそのまま表現しつつ自然環境を取り込み、内部は光や風が満ちた無柱で見通しの良いワークプレイスを実現している。無駄をそぎ落とした空間は、一方でシースルーEVや風の抜ける吹抜けにより、水平方向にも垂直方向にも静かな変化とつながりを有し、人々の強い一体感や意思伝達の高速化を促している。

正門から広がるランドスケープは、地域固有の植物や土壌を用いることで地表面を回復して水辺環境を蘇らせ、工場の環境整備を超え、淀川水系につながる新しい地域環境を創出した。

建築を使うということは創造的な行為であり、建築とはその背景となって人々が浮かび上がるようなものであってほしい。白いキャンパスのような空間を使い手の色に染めてもらい、建築やランドスケープ、使い手の姿が一体となってひとつの風景/環境を創り出すこと、そうした試みの積み重ねだけが次世代へとつながる新しい環境を創り出すと信じてやまない。

透明感が増す夕景　photo: 島尾望

建築と事蹟

柳 沢 究

京町家の改修はブームの域を脱し定着しつつあるが、改修の方向性には大きく二つの極がある。一つは京町家を「中古物件」として捉え、骨組と外殻だけを残し刷新するもの。もう一つはそれを「文化遺産」として捉え、構造から素材まで建設時の状態を復原するものである。優劣を問うつもりは無いが、両者に共通するのは建築に流れる時間を一点（現代または建設時）にリセットする視点である。戦前に建てられ現在まで使われてきた町家は、たいてい幾度かの改修を経ているが、多くの場合そのような「中間の改修」は無視される。実際、褒められたものではない改修事例も多いが、それもまた建築に積もった時間の痕跡であり、事蹟とも呼ぶべき歴史の一部である。それらをリセットせず、なるべく受け入れて、その上に新しい生活を重ね描くことができないだろうか。それは都市や建築に時間の蓄積を表現し、より豊かなものとする一つの方法になるはずだ。"What Time is this Place?"※ という問いが、今あらためて必要である。

（※ケヴィン・リンチ「時間の中の都市」1976の原題）

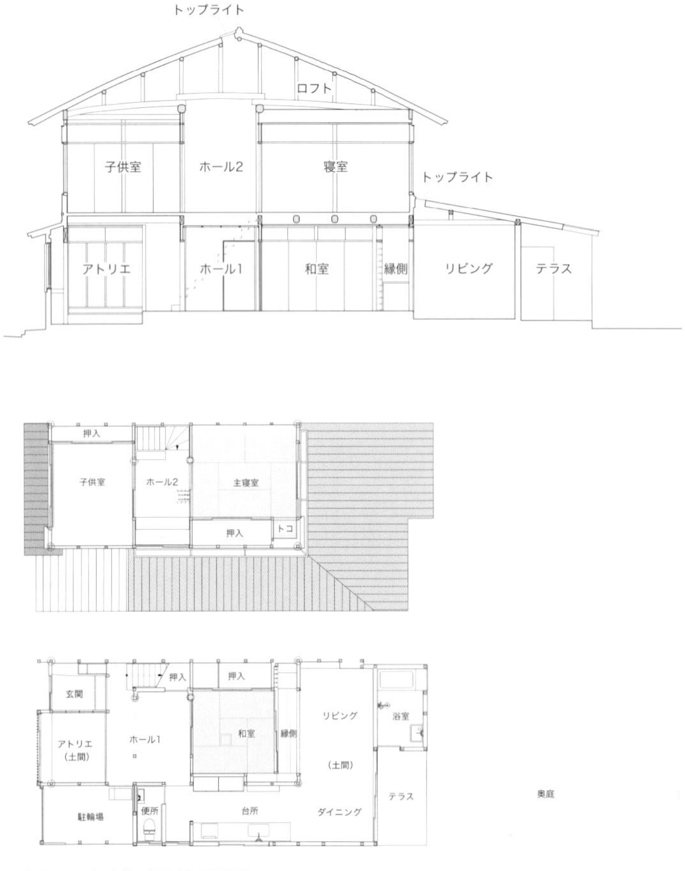

紫野の町家改修:断面図・平面図

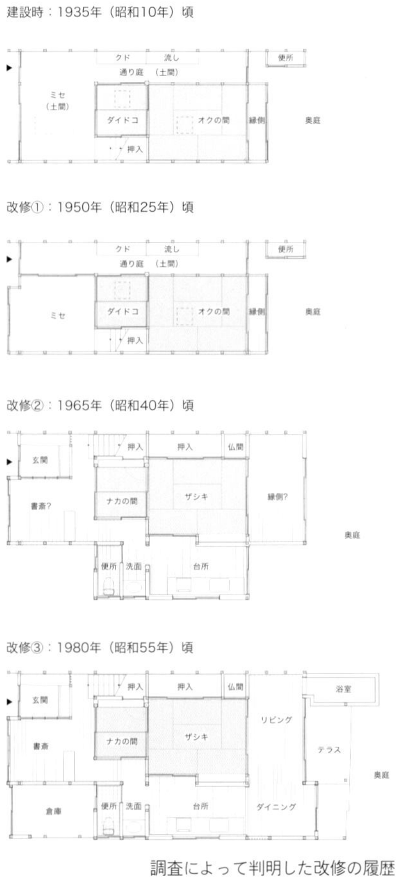

調査によって判明した改修の履歴

紫野の町家改修：テラスから和室方向を見る。建設時の母屋と昭和40年以降の増築部の接合部にスリット状のトップライトがめぐる。

和室は四畳半に縮めその分は縁側に。改修前後の変化が空間的に表現される。

ホール1から玄関を見る。各時代の空間や仕上げの痕跡が入れ子状に連なる。

写真：中村絵写真事務所

建築と様式

中西ひろむ

建築と様式について

【慣習】

土地には固有の風土があり、暮らす人には特有の作法がある。建築にも慣習的な様式が存在し、それが現代の生活からいかに離れていようとも、多くの人はそれと共にあることで何となく安心感を覚えるのだ。創作の際、ここでの「何となく」という感覚を決して軽視せず、その本質を見つめ直すことが重要である。

瀬戸内国際芸術祭2010『海と空と石垣の街』
庭師中井岳夫と協働し、男木島の風景を再構成。 写真:中村脩

『正面にある家』(藤田慶氏と協働設計)
京都の坪庭を現代的手法により再解釈。 写真:杉野圭

【形式】

創作は、時に先行する様式の否定から始まる。建築においては、さらに形式そのものへの否定、形式の否定に対する否定、そして今や創作活動自体への否定へと連なる様子で、当事者としてなかなかスリリングではある。ただし、建築における形式の刺激的な移ろいは所詮コップの中の嵐のようなもので、それが本来持つべき時間に対してあまりに無力である。形式を補強する一見正しそうな理屈やフレーズがいかに淘汰されてきたか、歴史を見れば明らかだ。

【スタイル】

歴史は現代の私たちに多くの示唆を与えてくれる上に、あらゆる古典はアーカイブ化され我々を囲んでいる。ただ、ここで忘れてはならないのは、やはり建築にとって創造性こそが一番の正義であり存在理由であるということだ。ある様式に立脚すること、それを拡大解釈し、時に曲解しながら新たな建築を生み出すこと、そしてそれが未来の様式となること、いわば建築の本歌取なるスタイルが最も創造的なのである。

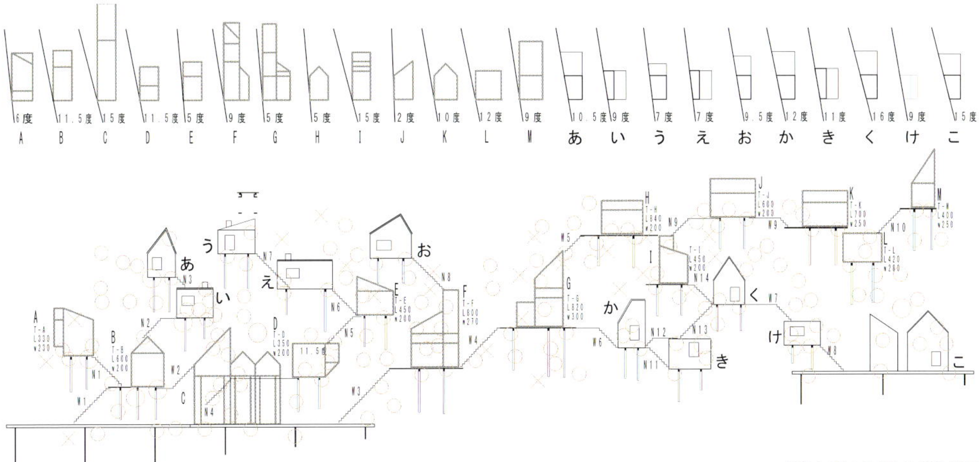

『海と空と石垣の街』設置図

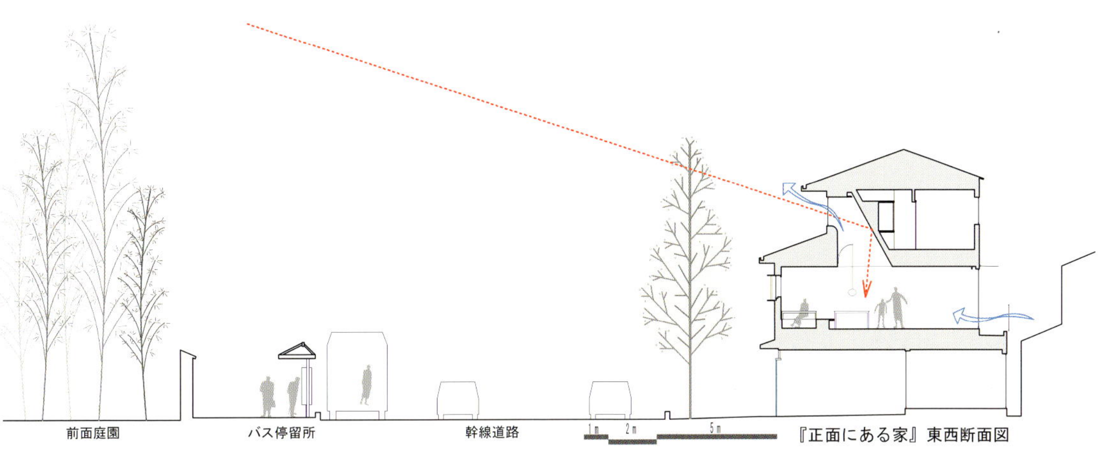

『正面にある家』東西断面図

建築と循環

吉田絢子

建築とはそれ自身は不動でありながら、流動的な空間の使われ方を内包する機能を担う。建築はその形態によって、人や水や空気の流動と滞留を操る力がある。雨の流れを顕在化する民家の屋根形状や、空気の流れを顕在化する通り庭や裏庭といった町家の平面構成、カンポ広場で人が滞留するための場所性を表象する、ランドマークとしての鐘楼を囲う放射状の斜路による劇場的な空間性などがそうである。流動と滞留の重奏で織りなされるシークエンスは身体に体験として直接的に訴えかける。

とある夏小雨の降る日にオスロのオペラハウスを訪れた。中核の歌劇場を取り巻くように外皮に折りたたまれた斜路で、色とりどりの傘々が上り降りする様子を目にし感銘を受けた。外観を構成する斜路は、人々が人工の地形を登ることを顕在化する形態であり、人と同様に雨もその斜路を下り、ひいては人の動きや雨の動きを誘発する建築のもつエネルギーを感覚した。

エネルギーの循環を考えることで、人の動線ひいては建築をも語れるのではないか、と考え始めた。建築が影響を及ぼしうる流動体の循環について考えることは、これまで敷地内と周辺環境のみで建築を考えることで生じてきた様々な問題を解決するポテンシャルを持つ視点ではないだろうか。建築と敷地周辺に加え、それらを横断する流動体の循環という新しい階層を含めて建築を考える。

その中でも特に水の循環に特化した建築のあり方について考えていた。

円錐形の山と谷、三日月型のアトリウム、そして水により建築は構成される。機能は限定されず水浄化施設のほかは研究・宿泊・娯楽など人のアクティビティをできる限り内包した巨大複合施設である。水は重力という普遍の原理に基づき流れ落ちることにより、濾過を繰り返し、再生する。再生した水は、水のもつ様々な様態――流れる、溜まる、溢れる、滴る、伝う、滾る（たぎる）――を顕在化する空間を変遷し、それぞれの空間で人は異なる様態の水と出会う。水の循環とそれに寄り添う人の営みのシーンを、建築の形態によって紡ぎだすことを夢想した。

建築の起源が4000年以上もの昔に人が石を囲んで建てたことであるように、地球の素材として建築を捉え自然の循環の一端の新たな相貌を表象することが、一つの様相としての建築のORIGINであることに疑いない。

建築の表皮から地下へと水が滾る三日月型のアトリウム

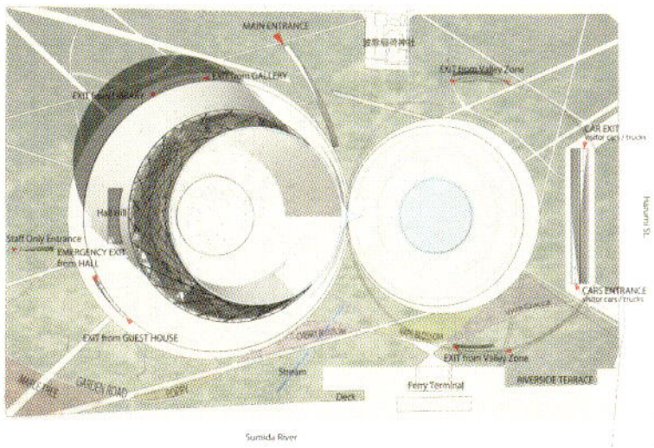
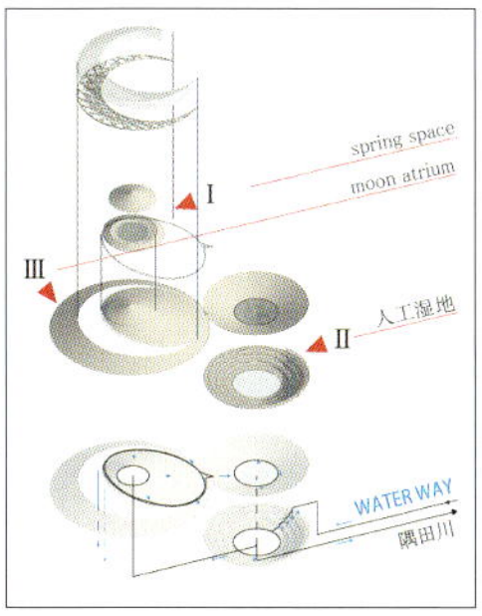

平面図、水循環と建築構成図、外観図

南東立面図、断面図

隅田川沿い、三日月型アトリウムと水面から光を放つ建築

ORIGIN Ⅲ

建築ははぐくむ

建築と技術

村田龍馬

『建築のORIGIN』について考えるに際し、「建築と技術」という小テーマを設定した。建築＝ARCHITECTUREの語源を辿れば、ギリシア語の「テクネー（techné）」あるいはラテン語の「アルス（Ars）」という言葉に行き当たるが、これらはいずれも日本語で言うところの「芸術」と「技術」を同時に意味する言葉であった。また、ウィトルウィウスは『建築十書』の中で建築家の仕事として次の三つを挙げている。すなわち、家を建てること、日時計をつくること、器械をつくること、である。

これらの例は、建築はその起源＝ORIGINにおいて、技術と一体不可分であったことを示している。しかしながら、このような建築の在り方は、現代から見ればユートピア（＝どこにも無い場所）のような存在であると言えるだろう。なぜなら現代の建築設計では殆どのケースにおいて、建築家と構造・設備等の技術者との分業・協働が前提となっているからである。

分業化・専門化によってもたらされる技術の高度な発達は、それなくしては存在し得なかった建築を可能にするという意味において、建築に新たな可能性を与える一方で、その用いられ方によっては、建築の自由を束縛し、制限するものにもなり得るという危険を孕んでいる。この、建築に対して技術が持ついわば光と陰の両面に、常に注意を向けておく必要があると、私は考えている。

本稿では、まず建築設計における分業について考察し、次にそれに関連して、建築デザインと技術の高いレベルでの融合を実現した事例として、国立代々木競技場の設計プロセスについて述べる。最後に、技術の発達が建築の自由を束縛する危険について、情報技術の発達が建築に与える影響を例として論じる。

「建築と技術」に関するこれらの考察によって、『建築のORIGIN』という難題に対して、僅かばかりでも光を当てることを試みたい。

建築設計における分業化

分業化・専門化は近代を特徴付ける現象のひとつであり、建築に限らずあらゆる分野で進行し続けていることであるが、建築設計における分業の進行に注目すれば、下記の点をその理由として挙げることができるだろう。すなわち、

①建築物の規模が大きくなるとともに、構造形式が多様化し、鉄筋コンクリート造や鉄骨造のように複雑な構造計算や、建設のための特殊な設備を必要とするものが増えてきたこと。

②空調・給排水・電気等の諸設備への要求水準が上がるにつれ、それらの設備は建築の付随物という枠を超えて、それ自体が独立したシステムとして専門家による設計を必要とするようになっていること。

③設計作業における効率の追求。設計作業は通常ある時間的制約の中で行われるため、各分野に手慣れた設計者による分業は、時間の短縮という面で大きな意味があること。

例外的な存在として、優れた構造技術者でありながら数多くの魅力的な造形を行ったエドゥアルド・トロハ（1899-1961）や、構造技術者、建築家に加えて建設業者まで兼業したフェリックス・キャンデラ（1910-1997）のような人物は歴史上に存在するし、今後も中小規模の建築物の設計ではそのようなスタイルが取られる場合もあるだろう。しかし、大きな流れとして、上述のような分業化・専門化を促す社会の要請は今後ますます強まってゆくであろうし、この流れが逆行することは決して無いだろう。

建築デザインと技術の融合──国立代々木競技場の設計プロセス

このような時代状況にあっては、建築家と技術者との協働の成否、言葉を変えれば、建築デザインと技術が高いレベルで融合し得るか否かということが、建築の成否に大きく影響することは必然である。

それでは、建築デザインと技術が高いレベルで融合した建築とはいかなるものであろうか。私はそれを、技術がデザインに自由を与え、また、デザインが技術を際立たせているような建築であると考える。このような観点から建築史を顧みれば、数多くの優れた実例を見出すことができるが、その中でも国立代々木競技場（代々木第一体育館・第二体育館）は、代表的な成功例であり、ひとつの金字塔と言ってよいだろう。

国立代々木競技場は、1964年10月に開催された東京オリンピックのための屋内競技施設として、1964年9月に竣工した。設計期間としては、基本設計と実施設計にそれぞれ約6ヶ月、工事期間は19ヶ月であった。これは、延べ30,000平米を超える建築物の設計・施工期間として非常に短いと言えるが、それまでの世界に例の無い新しいデザイン・構造による大空間建築物であったことを考えれば、信じ難いほどの短期間であった。

基本設計の当初は、スケッチや図面を一切描かず、尺度の無い、イメージを現すだけの模型を次々と作りながら、建築グループ（丹下健三都市建築研究所）と構造グループ（坪井善勝研究室）との打合せが繰り返されたという。そのペースは「20日ぐらいの間に約15案ほど」という驚くべきスピードであった。このように、設計の初期の段階から、建築と構造が互いにアイデアをぶつけ合う形で、基本設計が進められた。

写真1　代々木第一体育館の外観および内観
（写真提供：川口衞構造設計事務所）

また、代々木体育館の屋根には、当時世界に全く例の無かったセミ・リジッド方式の吊り屋根構造を開発し、採用している。これは、吊り方向の凹曲面と押え方向の凸曲面の両方をケーブルで構成する通常のケーブルネット構造に対して、吊り方向のみケーブルの代わりに曲げ剛性を持った梁材を使用する吊り屋根構造であるが、その採用は、造形上の理由による。すなわち、通常のケーブルネット構造の場合、屋根曲面の形状は境界形状とケーブルの張力に応じた張力曲面として自動的に定まるが、この方法では建築造形上要求される、先鋭な曲面を構成することができなかった。その解決策として、吊り方向に曲げ剛性を持った「吊り鉄骨」を採用することによって、吊り構造としての合理性や経済性を持ちながら、建築家がイメージした屋根形状を実現することに成功したのである。

写真2　代々木第一体育館屋根の2つの構造実験用模型（縮尺：1/30）
（写真提供：川口衞構造設計事務所）

左がケーブルネット構造、右が実際に採用されたセミ・リジッド構造。左の模型の吊りケーブルが、右の模型ではせいを持った吊り鉄骨に置き換えられるとともに、特に写真手前の端部付近で曲面形状に大きな違いがあることが分かる。

情報技術の発達が建築に与える影響

コンピュータの飛躍的な性能向上を背景として長足の進歩を遂げつつある情報技術は、現代の人間活動における幅広い分野に影響を与え、革新をもたらしている。建築もまたその恩恵に与っており、CADやCGパース、構造計算プログラム等は既に広く普及し、設計者にとって不可欠の道具となっている。また、構造、仕上げから設備配管に至る、建築物に関するあらゆる情報を3次元的に網羅し、設計、積算から施工及び竣工後のメンテナンスまで含め一貫して利用しようとするBIM（Building Information Modeling）も、建築の生産性を向上させるものとして注目されており、シンガポールでは実際に来年から確認申請におけるBIMの導入が始まるという。

しかしながら、その一方で、弊害と言わざるを得ない現象も露呈している。その一例は、建築基準法の構造関係規定のうち、特に保有水平耐力計算に関わる部分が、コンピュータの（さらに具体的に言えば、「一連計算プログラム」と呼ばれる構造計算ソフトの）使用を前提とした内容に、事実上なっているという点である。もちろん、これらの計算プログラムを使わずに構造設計を行うことも可能ではあるが、時間とコストの面では一連計算プログラムを使うほうが圧倒的に有利であるため、それに乗せ易い建築が指向されるようになることは、ある程度避けられない。そして問題は、これらのプログラムに乗せ易い構造が優れた建築構造であるとは限らないことである。これは、例えば代々木体育館の構造を考えてみれば明らかであろう。あのような構造は、一連計算プログラムが最も苦手とする、というよりは、取り扱うことすら不可能な構造である。

建築の発展に資するべく導入した技術に結果として建築が制限され、束縛される。これはまさしく、高松先生がよく口にされていた「自縄自縛」という以外の何物でもない。

結び

現代建築の状況を省みれば、「混沌」の二文字が頭に浮かぶ。

20世紀の前半には『レス・イズ・モア（Less is more.）』（ミース）の標語のもと、国際様式＝近代建築が世界を席巻したが、『レス・イズ・ボア（Less is bore.）』（ヴェンチューリ）との批判に始まったポストモダンの時代を経て、20世紀終盤から脱構築主義いわゆるデコンの台頭が始まった、かと思えば一方ではモダニズムの再評価、ミニマリズム、果ては縄文回帰など、混迷の度は深まるばかりである。

このような状況の中にあって、建築は何を目指すべきか。その答えはもとより人の数だけあるだろうが、「初心に帰る」というのもひとつの行き方であろう。技術と一体を成していた建築の姿は、その帰るべき建築の初心＝ORIGINのひとつであると、私は考えている。

建築とバーチャルリアリティ

角田哲也

建築には特定の場所に建つ物理的存在としてのほかに、様々なメディアで伝達されるコンテンツとしての側面がある。権力者の威光や宗教思想を視覚的イメージとして表現し、絵画や写真を媒介として広められることにより、建築は公的な概念を大衆に流布する装置として機能してきた。

一方で近年、仮想現実感（VR：Virtual Reality）技術の発展により、人間の五感を限りなく正確にシミュレートすることが可能になってきている。もとより3次元な建築空間を表現するにあたり、ユーザの周囲360度に仮想空間を出現させるVRは理に適った手段である。表示装置として用いられる頭部装着ディスプレイ（HMD：Head Mounted Display）は、映画黎明期のキネトスコープに想起させるが、ヘッドトラッキングにより全方位映像をインタラクティブに生成することが可能である。急速に小型軽量・高画質広視野角化が進むHMDが、やがて眼鏡や携帯電話のように社会に定着することは想像に難くない。さらに光学透過性を備えたHMDと拡張現実感（AR：Augmented Reality）技術を用いれば、日常生活のあらゆる場面で視界に映像情報を重畳

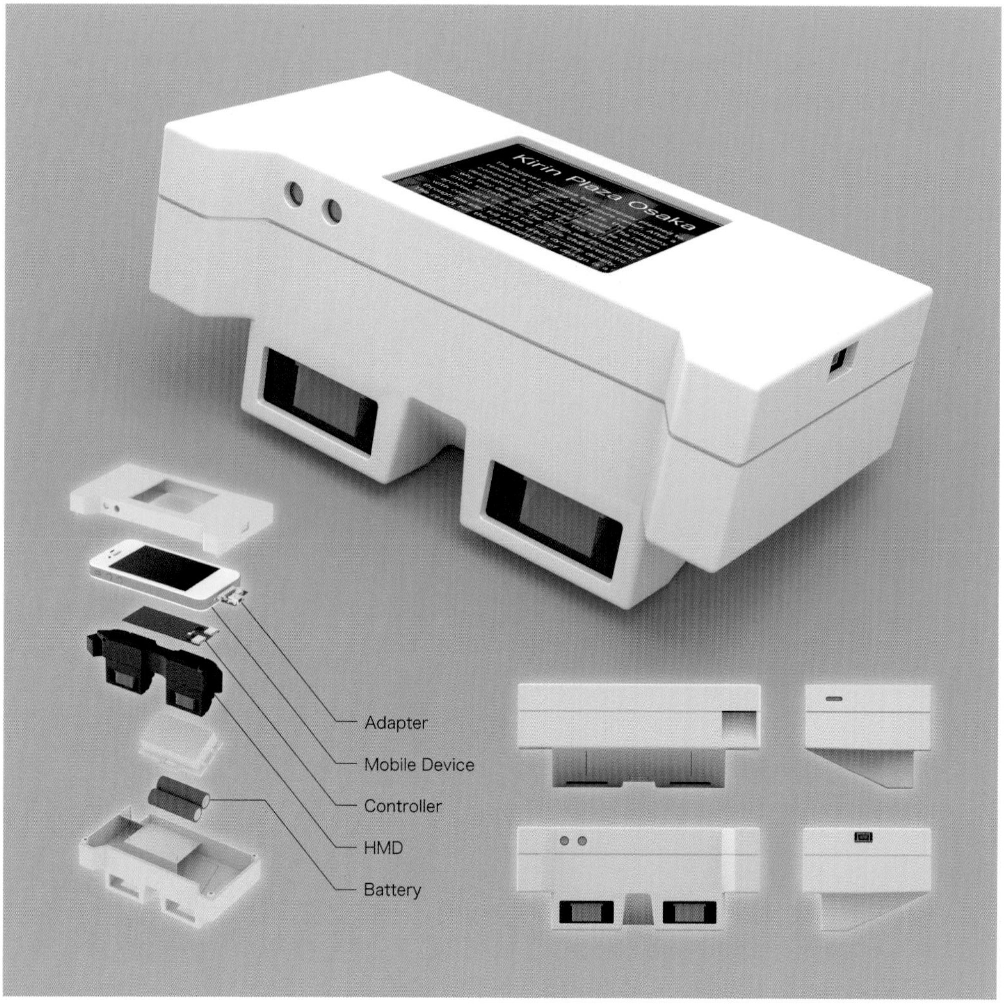

双眼鏡型ディスプレイ

し、現実世界と仮想世界の融合を実現することも可能となる。

ここで提案するのはVRの普及と市場創出を目指した戦略的プロダクトである。大量に流通している携帯情報端末の周辺装置としてHMDを接続することにより、老若男女問わず直感的に操作できる双眼鏡型ディスプレイを廉価で提供する。端末内蔵のGPSとセンサ類でユーザの位置姿勢推定を行うことにより、画面を覗き込み周囲を見回すだけで3次元仮想空間を体験することができる。本製品は建築のプレゼンテーションはもちろんのこと、観光案内・販売促進など様々な産業分野に応用可能である。

今後VRや次世代メディアが建築を完全に代替するということはないだろう。しかし、CADによる設計手法が一般化した今、建築空間の新たな表現手段としてVRに期待される役割は大きい。

使用イメージ

建築とテクノリージョナリズム

蘆田暢人

かつてミース・ファン・デル・ローエは、「時代意志」を語った。「建築は空間に表現される時代の意志」であると。その時代の社会の構図や生活のスタイル、あるいは思想や宗教、あるいは技術。それらが建築へと昇華される。20世紀は建築において技術発展の世紀であった。21世紀に入り、情報化社会の波はとめどもなく勢いを増しているが、物理的な存在である建築を取り巻く技術の発展は、今後とも絶えることはないであろう。

モダニズムとその後ろ盾であった近代技術を、我々は手放すことはもはやできない。インターナショナリズムが否定され、社会の関心が地域性に向かおうとも、地域だけで完結する生活や文化というものはいまや不可能である。安易なヴァナキュラリズムに執心することも破綻している。

世界にあまねく技術をベースにし、それぞれの地域に根ざした方法で応答する思考を「テクノリージョナリズム」と呼ぼう。

時代は、「第四の革命」といわれる変革のときに突入している。18世紀の農業革命、それに続く産業革命、そして20世紀の情報革命に続くエネルギー革命である。我々が今後取り組んでいかなければならないのは、エネルギーの課題に対して、建築あるいは都市・農村がどう応えていくかではないだろうか。

近年技術が発達している再生可能エネルギーは、太陽や風や植物などの自然に依存するため、その技術は世界のどの場所にも適用していくことが可能である。ここで必要となるのは、その世界標準的技術を地域に根付かせる方法である。技術という文明をいかに文化にまで昇華することができるか。これがテクノリージョナリズムの意義である。

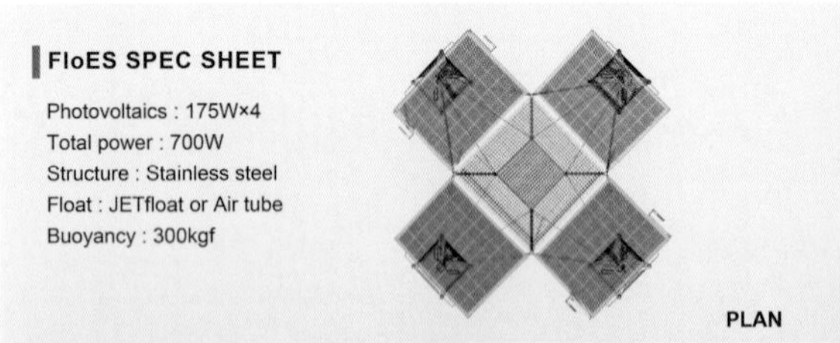

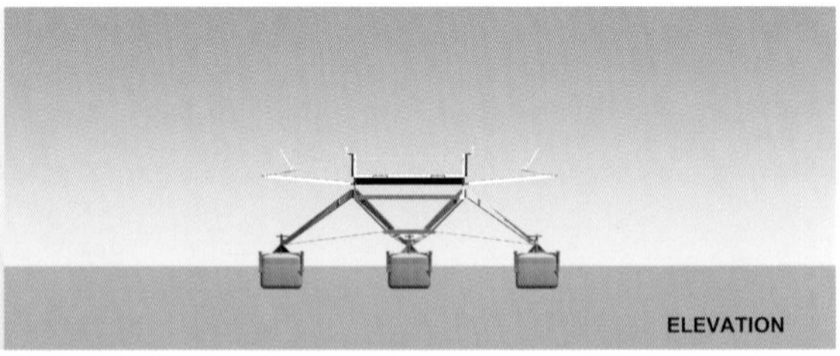

FloES（Floating Energy Station）

ここであげる2つのプロジェクトは、この考え方に基づき我々がバンコクで実現させたものである。

FloES（Floating Energy Station）は、毎年洪水に苛まれるタイにおいて、洪水の期間中も最低限の通信設備を利用することができる電力供給システムを構築したものである。洪水時の停電には比較的慣れているバンコク市民でも、現代ではPCや携帯電話が利用できないことは耐えがたい。

我々の提案は、基本システムを維持しながら、地方によって手に入りやすい素材を利用するなどして、それぞれの場所に適合した構法を展開していくというものであった。

ZIIB（Zero Impact Information Billboard）は、都心部と地方との格差の激しい東南アジアの特徴に沿った提案である。タイの都心部は東京にも匹敵するほど近代化が進んでいるが、地方の山村ではいまだ電気もない生活が行われている。ZIIBは、バンコクで行われたイベント（Bangkok Design Festival）でのインスタレーションとして製作された。その名が示すように、ZIIBではイベントの期間中から終了後までゴミを出さないということをコンセプトに掲げている。使用したソーラーパネルや構造体は、電気のない山村に寄贈した。その他の資材も全てリサイクルをしている。これは、いわば都心での刹那的な一瞬の消費を地方の生活に還元するためのプロジェクトである。つまり、都心部の消費社会的な利用と山間部の生活の課題を同時に満たすものと言える。

これらのプロジェクトは建築の周縁に存在するものであろう。エネルギーの技術を文化に昇華させることは、建築の価値とは異なる側面を持つ。しかしそこには紛れもなく建築的思考が求められるのである。

ZIIB（Zero Impact Information Billboard）

建築と情報

上村康人

情報社会が到来し、情報技術は凄まじい勢いで発展している。産業と共に歩みを進めてきた建築は、情報とも歩みを共にできるのだろうか？

人知を超えた莫大なデータが世界を駆け巡る状況は、ITインフラを生み、そしてデータセンターと呼ばれる新たなビルディングタイプを生みつつある。ここでは建築＝大量のサーバーを内包する巨塊が大阪城という都市の文化的余白を埋め尽くす。この悪魔的絵図が示すのは、〈世界〉と別に〈仮想世界〉がデータで作られるのではなく、もはや〈世界〉自体がデータと不可分であるということである。

建築は情報の集積と交換の場であった。「図書館」、「博物館」をはじめ「学校」、「劇場」、「病院」など、形のない情報は建築によって表象され、人々は情報を求めて建築を訪れた。

現在、情報はポケットサイズの機械によって発信・受信される。人々は欲望に従い情報を集め、また情報は欲望を開発する。ここでは建築はもはや特定の情報を表象するのではなく、欲望の排泄物として姿を表す。皮肉なことに、権力者の権威と欲望の歴史を刻み続けた大阪城に建築は刻まれる。

この建築を記述するのは〈世界〉であり、そして紛れもなく〈私〉である。

情報は〈世界〉と〈私〉の間で記述され、〈世界〉と〈私〉もまた、情報に記述される。

この関係性に寄与できる建築が新たなORIGINになるのではないだろうか。

建築と空想

藤川裕佳子

建築はその竣工後、さまざまな方法で使われる。ときに住み手によって、設計者の想像を超えた使われ方をすることがある。同じ建築でも、時代が進むにつれて「住む道具」として都合が悪くなったり、良くなったりする。また、ファッション写真の背景や映画の舞台として使われるときなど、第三者によって自由にトリミングされ、建築の本来の文脈とは関係のない別の物語に引用されることもある。

建築を生み出すことは、この世界にもうひとつの世界を作り出すことである。設計の初段階では設計者の空想であったものが、構造や環境などの問題をクリアし、竣工後さまざまな人の自由な解釈で使われることによって、この世界に確かに存在するものになるのである。

さて、ここでは設計の初段階。設計者が最も自由な状態で建築を考える段階と仮定し、建築の種である要素を集め、空想をしてみよう。

【厚み】厚みとは、面的な広がりをもつ物体が、その広がりの垂直な方向にどれだけの長さを持つかということ。ものは全て厚みを持つ。厚み0㎜はあり得ない。では、薄いものをどこまで厚くしたら、ソレをかたまりと感じるようになるのか。板とかたまりの境界はどこだ？
正方形の板の厚みを、高さ、幅と均一になるまで厚くしていくと立方体ができる。その立方体を本来の厚みと並行な方向に貫通するようくり抜くと、厚みを測る場所が90度変わる。同じことを幾度となく繰り返すとどうなるだろうか。
薄い板を層状にならべると、全体としては厚みが出るが、一枚一枚は薄い「厚くて薄い」という矛盾した状態が生まれる。一方で、薄い板を山折り谷折りに折り曲げると、「薄くて厚い」状態となる。
一枚の壁の間に自由に厚みを変えると、薄いと言えるのか厚いと言えるのか。

【輪郭】全てのものは、はっきりした輪郭をもつ。ではその輪郭を、可能な限り曖昧にしてみてはどうか。
ガラスを重ねて少しずつずらす。映った風景が反射で少しぶれるはずだ。
また、遺跡のように時が経って風化した建築は、輪郭が磨り減っている。
森の中で鏡を一面に使えば、景色の映り込みにより、建築が消える。水を滝のように流せば、その飛び散る滴と波紋で輪郭は揺らぐ。
輪郭を極度に入り組ませてみよう。ハリネズミのように表面を周囲に向かって針のようにとがらせる、またはバラの花のように層を重ねれば、輪郭は複雑になる。
立方体に素材を編み込むとどうか。植物が生えれば輪郭は徐々に膨張するだろう。大きな岩をくり抜いて輪郭を暗示することもできる。

【敷地境界線】引き続き、輪郭を曖昧にする方法を考える。境界線とは、地面に描かれる輪郭である。
ただ、飛び地のように広がっている、ということではなく、平面の輪郭をぼやけさせるには、溶けて広がるような地面と一体化した形だろうか。似たような大きさの輪郭を少しずらしながら重ね、すき間や交差部分を作りこれをそのまま立ち上げるとどうか。
輪郭が点々と霧散する。これをそのまま立ち上げるとどうか。

【奥行】絵には奥行を感じることができるが、実際に中を歩くことはできない。空間は、歩ける。奥行は視線方向に生まれる距離感である。
見る方向を一つに指定すると、一方向に奥行が生まれる。
見る位置を一点に指定すると、四方に奥行が広がる。
平面に奥行が存在するのは、ものとものとの重なりによる前後関係によって距離感が生まれるからである。
パースペクティブをいじってみよう。通常、遠くのものほど小さく見える。それでは、遠くのものほど大きくしてみてはどうか。通常、遠くのものほどかすんで見える。だから、遠くのものほどはっきりさせてみよう。
向き合って並行に並べた2枚の板の角度を変えてみる。手前の幅を広げたり、奥の方を広げたりすると、距離感が強調されたり和らいだりする。
厚い壁の開口部に奥行がないよう、辺を斜めにかきとると、開口部に奥行を感じなくなる。

【外と内】雨と風を防ぐために、人は家を必要とした。だとしたら、屋内を作ることが家にとって最も基本的で最も重要な問題となる。
夜、あるカフェテラスでお茶をしているとき、まるでそこが屋内のような錯覚をした。お客さんはソファに座って部屋でくつろいでいるように見える。しかし、おかしなことにそのソファが置かれた壁の窓は、夜なのに外のほうが明るいのだ。

なぜ錯覚が起きたのか。外には芝生、樹木などの自然があるもの。内にはカーペット、などの家具があるもの。と、無意識に身の回りの備品によって外と内を感じているとしたら……。
人は何によって屋外と屋内を判別しているのだろう。外（外側）内（中心部、内側）の位置関係で決めているとしたら。通常、内を外が囲んでいる関係性の、外と内を入れ替えることは可能だろうか。外を内が囲んでいる図式を平面と断面に適用してみよう。
屋内に閉じ込められたある空間。これを外であるように感じるにはどうしたらいいか？
光を取り入れるための天窓を開けるか、植物を室内で育てるか、動物を放つか。
外（開けたところ）内（囲われたところ）の囲われ感で決めているとしたら……。

【領域】領域の主張の始まり
広い畑にぽつりと立つ木
なまけものの部屋
点と点で示す
線で示す
面で示す
光で示す
陰で示す
段差で示す
敷石の継ぎ目とは異なる、領域を主張する白い線が、広がって波のような模様を描く

【道】道は人が通った跡。または、これからどこかに向かうために通るはずのところ。だが、通れるだけの幅があれば、隙間は道になる。道が先か、すき間が先か。
道は、その先に目的地があることをイメージさせる。
廊下は、家における道。
部屋と部屋をつなぐもの。
部屋と部屋があってこそ廊下は存在するのか？
部屋はないところに廊下は存在するのか？
別に廊下は必ずしも必要ではない。
廊下だけ取り出す。
廊下を部屋にする。道が目的になる。
部屋になっても道だった時の記憶が残っていて、向かう先があるような、とどまるべきではないような気分になるのだろうか。

【建具】建具によって空間は変化する。
線で囲まれた空間。一つ一つ開いていく。
建具とは開閉機能を持った仕切り。位置／形／開いたその先／開くための扉

【スケール】スケール感の喪失。その時私たちは、時間感覚も失っている。歩いても歩いても辿り着かない。砂漠のように、蜃気楼のように。そこでは次元がゆがめられている。
光が届かないところ。それは、全体を把握できるかどうかか？
迷路のように常に先が見えないミコノス島の路地。
スケールを測れるものはたくさんあるのに、自分のスケールを失う不思議。
ではどこまでも見渡せられる海上は？　ああ、どちらも！
棚か、部屋の集合体か、それとも地形の微細な一部か。

【重力】上から下に向かう力。工場はその力をありありと見せつけている。
重力　私たちを大地とつなぎとめる力。その力にどうやって抗うか。どうやって解放されるか。
人が浮く。外に向かって、内に向かって。
そして時には建築そのものが浮いてしまう。

【方向】方角と風。ギリシャ神話には、各方角を司る風の神がおり、季節と天候に関連付けられている。
風の道。風は、場所に時間とともに変化する方向を与える。
方角による方向。日光、月光。雲の流れ。湿度と植物。
形態による方向。一つの強調されたラインに沿って。
二つ以上の平行な面。
同じ方向を向いたたくさんのもの。
知らず知らずのうちに軸線を探し、秩序を見つけようとしてしまう。
視線による方向。

【自然】自然に囲まれた田舎において、庭は外の自然とどう違うのか。
自然であると思っていたものが不自然であること。
制圧していたと思っていたものに制圧されていくこと。
自然におおわれた家。家におおわれた自然。
自然の上にある家。家の上にある自然。
自然を家に整形する。家を自然に整形する。

建築と幾何学

小林祐貴

「デザインの最終の目的はかたちである」
（C. アレグザンダー、『形の合成に関するノート』）

建築におけるかたちのつくり方は、ある幾何学に則った形態を、要請に応じて組み合わせ、崩す行為だと考える。

卒業設計に取り組んだ際には、現在空港のある人工島を敷地とし、その巨大なスケールを相手とするために単純な幾何学を用いsimplicityを意識し設計した。純粋な幾何学の構成によって豊かな空間を生み出す建築家の下で、建築とは何かを垣間みることができた。

その翌年、新たな研究室よりアルゴリズミックデザイン国際学生ワークショップに参加し、アルゴリズムを用いた設計手法、デジタルファブリケーションを利用した建築スケールにも応用可能な加工技術を学ぶ機会を得た。その取

卒業設計　「FRONTIUM -中京圏の未来のための構想-」

組みは新しい幾何学を建築に取り込む、complexityを形態として表すことを目指す行為であると感じられた。

複雑な幾何形態をコンピュータ上に描画することは容易になってきているが、それらを建築として実現する際には多くの困難を伴う。デジタルファブリケーションは解決策の一つである。現在私が学んでいる組み合わせ剛性理論もまた、その困難を解決するために有効であると考えている。

しかしながら、これまで建築では利用されていなかった技術をもちいることによって、生まれる建築に何が可能か、ということはまた別の問題である。

建築的な魅力、技術的な新しさの双方を追求していくことが私にとって建築のORIGINに近づく道だと信じている。

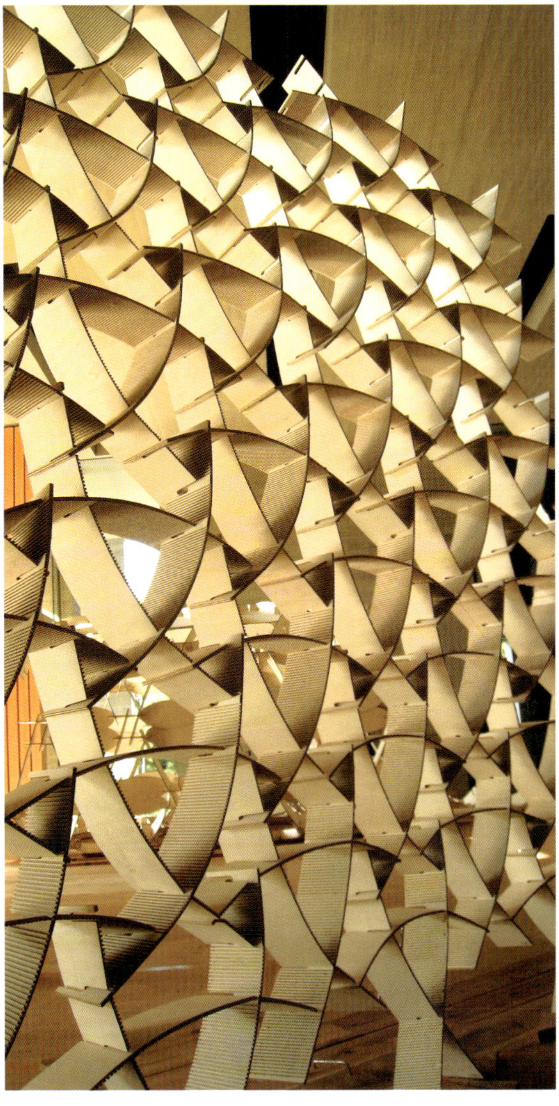

アルゴリズミック・デザイン国際学生ワークショップ参加作品 Team A

建築とルール

田中知博

このところ都心の狭小住宅を計画しているなかひとつの判例に出会った。

間口が3mそこそこしかない猫の額ほどの敷地で快適に過ごせる住宅を計画するには、床面積が少しでも欲しい。フラット35なる融資の仕組みを利用する上で、なんとしても70㎡以上を確保しなければならない。階数を増やせばもちろん面積も稼げるのだけど、4階建て以上ともなると「階段室を区画しなさい」などという厄介な法令にぶち当たる。区画するのもお金がかかるし、各階の階段室と居室との間の扉もやけに立派な鉄の扉が必要だ。リビングでくつろいでから、寝室に上がるのにこんな扉を2度も開けるなんてなんともナンセンスである。

一般に建物を建てるときには隣地境界線から50センチ離すことが民法上の取り決めである。今回の計画ではこの50センチが致命的で、両隣に規定どおりの50センチを確保すると、3階建てだと目一杯稼いでも70㎡にすこしばかり届かない。おまけに既存建物が長屋のように隣戸と壁を接して建っていたので、壁を離して建てるなら、隣戸の外壁を作って差し上げないといけないことになることはあきらか。さらに余計に建築費が掛かりそうだ。ところで一方では建築基準法に耐火構造の壁なら隣地境界に沿って立てて良いなどという法令もあったりする。やれやれ、どっちに従えばいいのだろう。

そんな中ひとつの最高裁判例をみつけた。とっくの昔に出ていた判例だったのだけど、これまで見つけることができないでいた。結論から言えば隣地境界線ギリギリまで建てて良いようだ。しかもお隣さんとの協議も特に必要なく。急に道が開けた。

建築には様々なルールや条件がついてまわる。特に都心部ともなると今回のように実に様々なルールが建築を拘束する。建築基準法や様々な関連法令は言うに及ばず、融資を受ける上でのルールやら、補助金を受ける上でのルール、施工上のルール、気候的なルール……とても挙げきれないのだが、実に様々な要件をくぐり抜ける計画が求められる。

これら外在的な所与のルールに従いつつ、最終的にはクライアントによって求められるルール（機能性は空間性に関わる要望やコスト、ときには家相やら風水なんかのルール）に応えなければならない。

なんだかとても不自由で、ルールさえなければ自由に良いものを作れそうな気がしないでもないけど、そんなこと言いながらも僕自身はルールがけっこう好きだったりする。

設計する仕事で最も重要な仕事のひとつは「決めること」だ。もちろん最終的に決めるのはクライアントではあるけれど、幾多もある無限の可能性の中でひとつを選び出すことは容易ではない。ほとんどの物事はクライアントの代理としての設計者の決定や提案（という名の誘導）に委ねられている。

計画段階、監理段階とわず常に決定を迫られる。毎週の打合せごとに提案をまとめてクライアントに提示するし、打合せのさなかアドリブ的に態度表明をせまられることも、作っているさなか現場で即断即決を迫られることもある。建築はやり直しが効かない一度きりの勝負だから、安易に決めるのは危険だ。決断を先延ばしにするのももちろん様々なところに悪影響を及ぼす。大きなお金を伴う事業である以上、スケジュールはとても重要なのだ。短時間で確信を持って決断することはとても重要なことだ。

そう多くない限られた時間の中で無限の可能性の中からひとつのものに絞り込むには幾多のスタディをする。所与の条件を元に様々な絵を描き、模型をつくりCGを起こす。はじめは手探りで、しかし徐々に確信めいたポイントが見えてくる。少しずつだけど変わらない部分や構成が姿を現す。これらはとても普通で当たり前の手立てである。そして判断の多くが審美的な判断によってなされている。形の良し悪しや、空間の広がり、明るさ加減、周りの街並みの中での立ち姿、色や素材……。もちろん使いやすさに関することや数値化できるようなことなど比較的優劣のつけやすい内容もあるけれど、その多くは感覚的な判断に委ねられている。

これらの作業を通じて必然性のない膨大な部分を自信を

持って提案できるものとして固めていく。

とはいえ、個人的には審美的な判断で物事を決めるときには何かしら確信しきれないことも多い。すべてのパターンを確認できるわけではないし、個人的な経験や趣向に偏っている不安から逃れられないのだ。今、美しいと思えることが果たして何十年後かに依然として美しいと思えるだろうか。ただでさえ、デザインの流転は激しいように感じるし、実際ほんの数年前に流行ったスタイルさえすでにもう消費され当時の輝きを失っているものもたくさん見うけられる。

部分ではとても良く見えても、全体の中ではいささか唐突で関係性が崩れてしまうようなこともある。部分への偏った判断の積み上げは全体のバランスを欠く判断となっている危惧もある。

そもそもクライアントはこの感覚を共有できるのだろうか。ただでさえ僕らのような駆け出しの建築家にクライアントが求めることは美的、思想的な作品としての建築物でないことが大半だ。ひとりよがりの趣味や思想の押し付けはなるだけ避けたい。

デザイン作業をルール作りの作業だと考えてみる。

外在的なルールとクライアントの求めている曖昧に見えるイメージや、部分部分にまつわるルールとをうまく架けわたすルールを発見すること、だと考える。見出すべきルールは、いささか奇異ではあるけれど、自ら編み出し、自らに強いるルールである。意識的にそう考えるとスタディは少しだけ違った見え方をしてくる。

見出すべきルールは自らの中からではなく、外在的なルールにアンカーさせる方が面白い。ルールは所与のルールや着地点としてのルール（特にクライアントの思い描く漠然としたイメージや、求めているもの）の何か重要なファクターを反映しているべきだ。双方を架け渡すルールを見出すためにはどちらか一方の何かしら重要なルールに結びつけておくのは合理的だし、なにより自分自身の外にアンカーすることで可能性が広がる。取り付く島がなければ自らの中にしか参照元はないけれど、見つけるべきルールの種を外在する所与のルールに結びつけておけば、自分の枠の外の領域に踏み出すことができるかもしれない。

既知のルールにいろいろな観点から仮のルールを重ねあわせ、他のルールとの整合をみる。一度決めたルールはなるだけストイックに守る。ルールを濁らせては検証ができない。ルールを守り切れない事態が生まれたときにはルール自体に無理があったり破綻していたりするので、もう一度ルールの設定からやり直す。

ルールを自ら設定しては壊し、そのたび再度ルールを設定し、、、とこんなことを繰り返して計画を進めていく。

所与のルールと着地点のルールを鮮やかに結びつけるルールを探っていく。

ひとたびルールを見つけることができればもうゴールは近い。ひとつの定理から次々と新しい定理が導き出されていくように諸々の多くの部分が連鎖的に決まっていく。審美的に判断されていたような部分もルールに照らせばかなりの部分が迷いもなく自然と決められる。決定を助けてくれるルールがすでにあるのだ。

ルールは毎回案件ごとに異なる。だから出来上がるものも毎回違ったイメージをもつ。デザインの一貫性はないかもしれないけど、毎回条件が異なり、ルールも異なるのだから、全く違うイメージとなる方がむしろ自然だ。

そして出来る限りクライアントとルールづくりを共有すべきだと思う。一緒にルールづくりができれば、クライアントと一緒に建物づくりをプレイできる。

猫の額ほどの狭小な敷地にとびっきりのルールを見つけたい。

所与の条件は厳しいけれど、厳しいがゆえにデザインのルールは意外と早く見つかるのではないかと思う。両岸が硬く明快な地盤であればあるほど、懸けわたす方向や距離、実現できる構造はより明確になるはずだから。

建築と創作

中西正佳

私のORIGIN、どんな建築を創作したいか、どのように創作していきたいのかを記そう。私は都市や文化、風景の中からにじみ出てくるような建築、その建築がまた都市や文化、風景に影響を及ぼしていく建築を創作したいと考えている。建築は単独のオブジェクトとしてではなく、風景、都市、人間関係、歴史、政治、経済、交通、文化などが複雑に関係しあって成り立っている。これらの関係を読み解き、全一的な提案ができたときに目指す建築が創作できるのではないか。

では、どのようにこのような建築が創作できるのか、その創作プロセスを考える。ルイス・カーンが説いた創作の思考の流れ、リアライゼーション→フォーム→デザインという言葉を用いて説明しよう。リアライゼーションはイメージ、フォームはイメージを実現するシステムや構成言語の発見、デザインはフォームに基づき実際にモノとして成立させる行為である。下記は、私が各プロセスで意識していることだ。

リアライゼーションでは、ヒトの生物的な特性に注目している。ヒトには、大阪人、日本人、アジア人、地球人、各次元で共有できるセンスがあり、コミュニティーが大きくなればなるほど、共有事象は小さくなる。たとえば桂離宮は外国人からみた“日本的美”として新規性を帯びていながらも、しかし“地球人”として共有できるセンスをはらんでいるのではないだろうか。だから受け入れられる。この部分にアプローチしていきたいと考えている。

次にフォーム。先にあげた建築に関わる事象を可能な限り内包できるシステムを見つけ、強度ある骨格を模索している。ここではリアライゼーションに立ち返ることを前提として、フォームで遊ぶことを意識し、リアライゼーション→フォームという演繹的思考の流れでは生まれ得ない意外性、突然変異を生み出すことが狙いである。つまり帰納法的思考プロセスだ。

最後にデザイン。二つの秩序を内在させることを考えている。一つは、明確な秩序でありフォームで導きだしたシステムをより純度の高いものへ向かわせるデザイン。もう一つは混沌とした秩序、装飾的、記号的なランダムな要素を挿入するデザイン。“明快なシステム”と“センスフルにちりばめられたランダムなシステム”との間で対現象が起こるようなデザインをしたいと考えている。

このような創作プロセスの探求の先に、私の建築に対するORIGIN、目指す建築はある。

写真は、日本人共通のセンスを意識しながら、自然環境やキャンパス計画を読み解いた多目的ホールである。

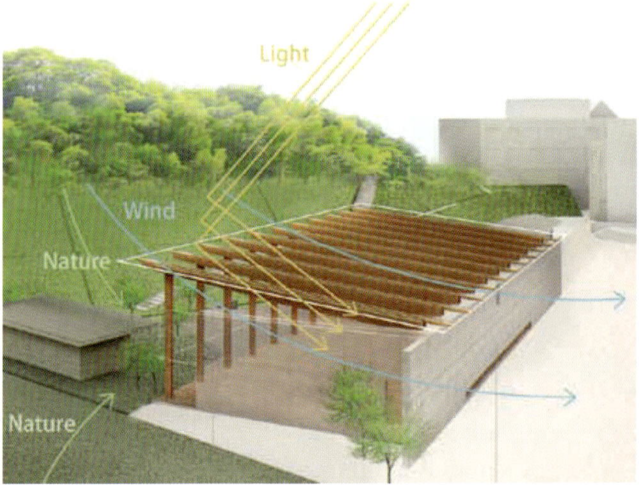

周辺環境をとりこむ木架構

明石大橋や淡路島をのぞむ風景の中にふわりと浮いた木屋根が、
里山、中庭、ホールとを連続的につないでいく。

北側の開口一面に北側の里山の緑を借景する。
中間期にはホールと中庭が一体利用される。

建築と詩

宮本翔平

詩は、奏でられたそのときから、私たちに驚きをもたらし、瞬く間に思考の深みへと誘い、震えるような感動を与えてくれる。リズムや韻といった音楽的技法、折句やカリグラフィーといった視覚的技法を用い、言葉と言葉の関係の中から詩は紡ぎ出される。その意味において建築はまさしく詩であるといえる。関係性の中に構築される建築は、時に雄弁に時に寡黙に、私たちに語りかけるからである。

フィンランドのオタニエミに建設されるアールト大学施設棟の計画案であるこの建築は、周囲の地理的、建築的要素や、時勢的状況を具に読み取り、その関係の中から生まれた建築である。

フィンランド特有の森林と、アールトやシレンが設計した建築が多く残された大学キャンパス内に、交流の核となる中心地を作り出すことが与件であり、レンガと緑で統一された美しいタウンスケープといかに接続するか、偉大な建築家の建築に敬意を最大限払いながら、いかに現代的な中心地を作り出すかということに焦点が向けられた。

敷地周辺部とは、空地・森林と建築ヴォリュームの割合を反転させ、無意味な建設されていない領域ではなく高密な

配置構成

VOID―大きな広場―を生み出す。建築の外周部は周辺建築物と配置規則を呼応させながら、内周部ではまったく異なる領域を形成した。冬場に猛烈な寒さに見舞われることを考慮し、ガラスのダブルスキンを設け、その間に、この土地で多く使われるレンガ色のスクリーンを採用する等々、周辺環境から読み取った結果を現代的にアレンジしなおす様々な試みがここでは行われている。

小さなひとつの建築が、既存の環境の要素を反映させることで、今まで意識化されていなかった環境要素を再定義することができる。周辺環境といかに、どのような関係性を構築するか。現状と選択した要素との振幅が、環境に寄与する建築の能力を決定する。一度構築された関係を更に展開させるのか、反転させるのか、連なる関係を次々に書き記す。揺れ動く選択肢を定め、一連の作業を緻密に繰り返すことで建築は構築されてゆき、くもりない決断の連続が、環境を包むような根源的な力を建築に与えてくれるのである。

内周部より広場を望む

外周部より広場を望む

建築と音楽

羽村祐毅

「建築とは凍れる音楽である」と語ったのがゲーテであったかは定かではない。しかし彼がこの言葉に言及し、建築をまた「鳴り止んだ音楽」と形容したことは書き遺されている。私はこの美しい言葉を時間と形態に関するものとして以上に、空間が持つある種の沈黙を語りうる力を指すものとして理解したい。そしてそれは武満徹が語る「沈黙と測り合えるほどに強い」一つの音という観念と響き合う。高松教授のもとで挑んだ卒業設計は、私にとってまさにその沈黙を空間が語りうるかという問い、言い換えれば“音”のように振る舞う空間は可能かという問いであった。

記憶の中に確かに生きる、しかし明確な言葉を与えることができないそのような空間。それは旅の途中で見た自然

interior perspective

section perspective

風景であることもあれば、人間が創り上げた建造物であることもあった。それら空間的な諸表象を武満の音を語る言葉の力を借りながら分析し、共通要素を見定め、仮の記号として「音楽的空間」と呼んだ。そして最後に名を与えるかのように空間として提示する。言語の自然発生的なプロセスに近い経緯を辿った旅。その総体が私の卒業設計である。

生れ出ることの激しい沈黙、土に還る時の静かな沈黙。この二つの沈黙の間に生というものがあるのだとしたら、私の建築家としてのその出自（ORIGIN）にこの沈黙に抗うように発した一つの音が響き続けることは疑いない。

model photo

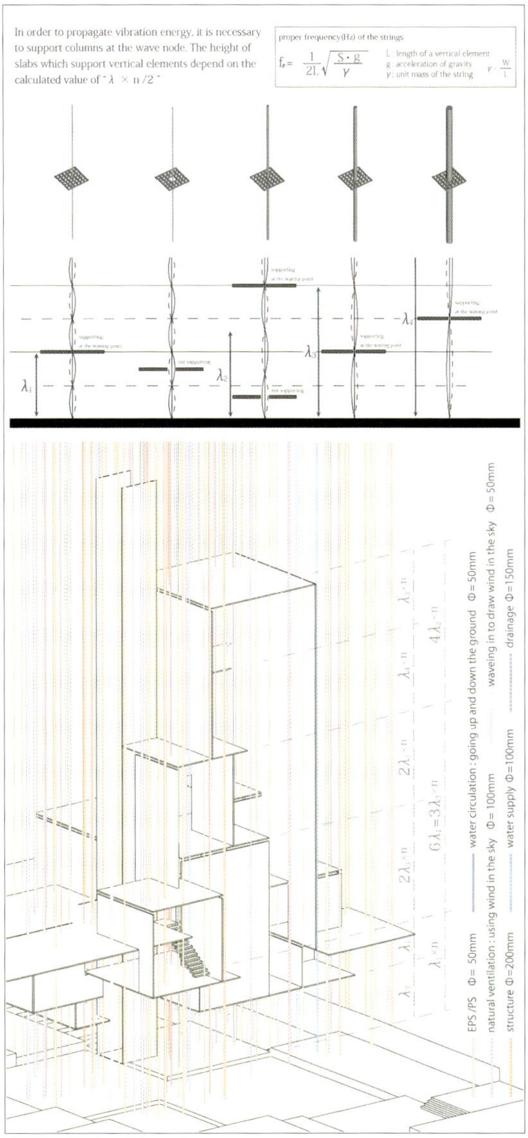

diagram

ORIGIN Ⅳ

建築はゆめみる

建築と建築家

新井崇俊

「アトムの大地とビットの海に挟まれた海岸で、今われわれは、物質世界とデジタル世界での二重国籍を操っていかなければならないという課題に直面している。」
（石井裕 MIT、メディアラボ）

建築家の身体性は、設計される空間に影響を与える。そのため建築家は、思想だけでなく身体性を修練する。ここで言う身体性とは、スケール感や素材感などではなく、ドローイングや模型を製作する時、半ば無意識に現れる身体が持つ性質を指す。それは「非言語的」で、平たく言えば“手癖”のようなものと言ってもいいかもしれない。建築家は設計に際して、ドローイングを描き、言葉を駆使し、模型を作り、そのポジティブフィードバックによって、独自の身体性を獲得する。そしてこの身体性こそが、彼らが設計する空間に影響を与える。今、建築のORIGINを目指すために、建築と建築家の身体性について考えることからはじめてみる。

【調律】

我々は毎朝起きて寝るまでに実に多くの道具を使用する。そしてその道具は人や時代に応じて変化する。我々は新しい道具が与えられた時、時間をかけて使いこなし，次第に順応していく。設計においても、ドローイングには鉛筆やペンを使い、模型にはカッターやスチレンのりを使用する。近代の偉大な建築家たちの多くは、ドローイングの達人でもあった。自らの手首の可動域、肘から手先までの径、鉛筆を持つ筆圧を知り尽くし、スケッチや図面を描き、建築を考え創ってきた。そうすることで研ぎ澄まされた、常人には真似できない身体性を獲得したのだろう。そうして多くの不朽の名作は作られてきた。彼らの身体は、鉛筆という道具を使って建築を創るようにチューニングされていたということができるかもしれない。

現在では多くの設計者はコンピュータ、とりわけ、CAD（Computer Aided Design）を使用する。コンピュータを使いながら建築を考え、図面を描きモデリングし模型を製作し、時にはコードも書く。その意味では、我々は常に仮想と現実を常に往復しており、石井裕が指摘するように我々はすでに、アトムとビットの二重国籍の持ち主なのである。コンピュータを前提とする我々にとって、そうではない人たちとは少し違った身体性を持っているのではないかと思うことがある。恐らく少し違ったチューニングがされているのである。生まれた時からiPadを使っている赤ん坊が、フィジカルな雑誌を手にして、雑誌の中の写真やアイコンを何度も人さし指でtouchしている光景を目にした事がある。彼は何も起こらないことに苛立っていた。彼にとって、雑誌の写真も画面の写真も認識として全く等価であるようだ。すでに彼は我々とも異なる身体性を獲得しているのであろう。日常的にコンピュータを使用する人の身体は、それに合わせてチューニングされている。ちょうど使いこまれた道具が優れた職人の身体の一部となっているように。我々には、コンピュータの中で建築を設計することに何の違和感もない。その環境を前提としてきた者にとって、“本物”も“偽物”もない。鉛筆もコンピュータも、建築を設計する道具としてどちらも等価である。

私は修士1年の時、所属する研究室で行われた集落調査の研究を手伝う機会があった。そこで学んだ事は，世界に点在する集落は決して自然発生せず、設計者が必ず存在するという事である。例えば、西アフリカのタンベルマ族が暮らす集落の設計者は鉛筆を使って集落を設計したりはしない。そこに暮らす人々の共同体思想の表象、気候や風土への適応，他民族の集落との差異化を目指して、持ち前の道具で集落を設計し建てている。そこには、鉛筆もコンピュータもなかった。恐らく彼らには、鉛筆を使って紙面にスケッチを何枚も書きながら建築を設計する建築家の姿は不思議に感じられるだろう。ドローイングや模型、コンピュータだけが建築を考える手段ではないのである。

【拡張】

人間は、道具を使用する事で自らの能力を拡張してきた。コンピュータも例外ではなく、人間の能力を拡張し続けてきた。設計においてはCADを用いて図面を描けば正確な線が引ける。Rhinocerosを使えば、正確なモデリングが短時間で可能となり、ユニバーサルな拡張子で交換可能というおまけ付。実に便利な道具である。しかしこの事実は、コンピュータを使用せず、“手”で設計する建築家には不思議に思えるらしい。恐らく、これはコンピュータを“手”の延長として使用していることに起因する。確かに、“手”の延長としてのコンピュータの使用は、正確さにおいては手を凌ぐが、創造性においては手に劣る。そこに存在する身体性は現実の代替でしかないからだ。しかし、正確な線を描くことや綺麗なレンダリングをすることだけがコンピュータの使い道ではない。真にコンピュータの能力が発揮される時は、“脳”の延長として使用する時であると私は思う。“脳”の延長としてとは、勿論、重力もないコンピュータの仮想空間上で全く新しい建築を目指すということではない。そもそも私たちの脳は、生まれた時から物理世界にチューニングされており、日常生活という恐ろしく難しい事を行うために脳の多くの部分を使用しているらしい。この出来合いの認識システムを無視して、全く新しいものを構築せよというのは無理であろう。できたとしても、我々には理解することができない。“脳”の延長としてのコンピュータの使用の一つは、脳では処理しきれない膨大な計算を処理する事であろう。メモリやプロセッサーの目覚ましい発達のおかげで、現在では従来は扱えなかった量の情報を扱えるようになり、またwebの発達により手軽に膨大なデータにもアクセスできるようになったので、膨大なデータから有用な情報をマイニングできるようになった。その結果得られる集合知は必ずや建築の設計に有用な知見をもたらすだろう。二つ目は、数理工学的観点から、建築や都市に起こる様々な現象をモデル化することだと思う。そのためにはコンピュータという道具だけでなく、複雑ネットワーク理論や様々な数理モデルなども必要となる。複雑な現象の背後にある数理的な構造を明らかにし、その結果を設計に生かすということも、“脳”の延長としてのコンピュータの使用と言える。マルチエージェントなども実に強力だ。与えられる設計のためのinputに対するoutputのテーブルを用意することはコンピュータなしでは困難であろう。

コンピュータを建築の形態の発見のために使う人を見かけることがある。しかし形態の発見のためのコンピュータの使用は、ドローイングによる形態の発見の置換でしかない。コンピュータを“脳”の延長として使えた時、建築の形態は、寧ろモダニズムの極北へ回帰するかもしれないと私は思っている。モノリスであるiPhoneの中で様々な出来事が起こっている事実を想像すればわかりやすい。この時、建築家の設計の対象はもはや建築形態のみではなくなる。

【未来の建築家】

恐らく、500年後に地球が存在していれば、建築（家）も存在しているだろう。彼らはどのような身体性を持ち、どのような道具で建築を設計しているだろうか。やはり鉛筆を尖らせ、数百数千の紙に向かって鉛筆を走らせているだろうか。或いは未知の計算機を使って設計を行っているだろうか。彼らが自らをどのように拡張して建築を設計しているのか想像することは興味深い。

【建築のORIGIN】

私は、“手”の延長としてではなく、“脳”の延長としてコンピュータを使い建築を創ることを志す。そうして得られる身体性を、私は建築のORIGINとする。

建築と担い手

大宅将之

分不相応な設計への未練から高松研究室の門を叩き早13年。卒業後は設計経験を経て、現在は住まいを中心とした街づくりの企画・マネジメント業務を行っている。

このポジションに身を移したのは、自身の設計者という創り手としての限界を感じた事もあるが、それ以上に、建築を自ら望み、その存在の持続性を引き受けるべき担い手達の不甲斐なさや重要性を事あるごとに目の当たりにしてきたためである。

フラット化・ファースト化する世界の中で、建築においても、一般的な利便性や経済性を満たし、少々の表面的設えだけで安易に満足してしまう担い手が多くを占め、建築が持ち得る力や価値の可能性を信じ、自身の覚悟と責任で

柏の葉キャンパスシティ全体空撮

より魅力的に持続させていく、といった想いを持つ担い手はまだまだ少ないというのが現実である。

私が直接目の当たりにし、大きな影響を受けた「ふじようちえん」、「ホテルクラスカ」、自身も携わった「楽天宮城球場[※]」などは、強い意志・意欲、そして人としての魅力を持った担い手達が、創り手と妥協なく向き合い、完成後の建築に、魅力的な活動の場を確かに生み出し、持続させていた。

今身を投じているのは「柏の葉キャンパスシティ」という、とある場所の街づくり。

建築に留まらず街における確かな担い手達が、少しずつ育ってきている事を感じている。

（※正式名称とは異なります。）

街での様々な活動風景

街でのワークショップ風景

建築と時代

西野佐弥香

伝えるもの

稜線が泣いてる／流れる水面《みなも》を見て／
空が　乾かないように

光と／光と／光と静寂を抜けて／薄闇の中思うのは
返せなかったやさしさと／空に続く土手の

ああ／帰れるなら／願わずとも　帰れるなら
光の木々の／光の軌条《レール》の／手のぬくもりが
絶えることなく／留まることなく／
流れてゆく　流れてゆく血が

生きる意味を／問わず語りに／詩《うた》　うたいだす

「建築家とは社会に対して『問いかけ』をする人のことです」
建築学科に入学して約1年、初めての設計課題を終えた頃のことだった。「建築家とは何をする人のことですか」という問いに対してある建築家から返ってきた言葉である。すでに建築とは何か惑いはじめていた私だったが、俄然建築家なるものに興味がわいた。社会を変えるでもなくつくるでもなく、問いかけるという立ち位置。そして「建築家は建築家のもとでしか育たない」という言葉に後押しされ、高松研究室の門戸を叩いた。建築家の職能や建築家の業務について研究しながら、高松伸という建築家と身近に接し、繰り広げられるエスキスを見守る日々。大学院の5年間とは先の問いを繰り返すことに他ならず、多くの方に導かれて問うべきフィールドは建築を含む社会のしくみへと広がっていった。

大学に教職を得て「先生」と呼ばれる立場になり、自分が教えられたことについてしばしば考える。学部生・大学院生あわせて200人あまりの学生たちは、同性のさほど私と歳の変わらぬ、しかしながらこの先の建築界の担い手となっていく存在である。彼女たちに向かってどのような言葉を発するのか、むしろ、どのような言葉を発することができるのか。普段の授業や演習、設計課題の講評会、卒業研究や修士研究のゼミナール。若年の私の中にある言葉だけで、200通り以上の人生を抱えた学生たちに対峙することなどできるはずがない。私に教えられることはかつて教えられたことであり、そこにわずかなりとも自分の経験や思考の結果を付け加えようともがくだけである。だから自分が受けた教えについて思いをめぐらす。改めて。折にふれて。

建築教育の設計課題で示される課題文は、実際の建築プロジェクトにおける発注者の要求書にあたる。課題に込められた意図、満たすべき機能、実現すべき空間が文章で記されている。形式は多様であるにせよ、建築学生なら誰もが一度は受けとったことのあるものだ。そしてそこから設計課題が始まる。

日本人として最初期に活躍した建築家の一人である武田五一が設計した、レンガと曲面の壁を持つ京都大学工学部七号館。その中庭で「先生、今回の課題でこれをしてもいいですか？」と訊いたことがある。課題文には明記されていないながら、自分で取り組んでみたいことがあったのだろう。即答だった。「何かしてはいけない、ということがあるか？」それはすなわち自分で考えろということであり、考えた結果については自分で責任を取れということだと私は理解した。

今になれば少し別のことを考える。建築とは建てられることを欲望する者がいて初めてすべてが始まる。建てることを欲望する者の出番はそのあと。「王が大工であったころ」から変わらない構図である。始めに発注者ありき。同様に課題文とは設計課題のすべてに先行し、すべてを規定するもののはずである。ここに建築における時間の逆転を見る。建てることは建てられることに先行するのではあるまいか。建てたいもののイメージ、建てるための技術、そのようなものが建てられることについての欲望を喚起するのではあるまいか。そのような決然とした意志を持っておけ、という教えであったのだと思う。

教育も同様である。学校であれ個人であれ、自分は何を教えたいのか、何を教えられるのか。それを掲げ、宣言し、教えてほしいと訪ねてくる者を待つ。教わることについての欲望が教えることについての欲望を喚起するのではない。教えることについての欲望が教わることについての欲望を喚起するのだ。当然のことながら、教え教わる内容について知っているのは圧倒的に教える者である。教えられる者は何を教えられるかも知らないのに、どうやって教えられる内容を欲望することができるだろう。唯一可能なのは教えたいという欲望に呼応することだけである。そしてその経験が新たな欲望につながっていく。

建築史家ギーディオンに『空間　時間　建築』という著作がある。建築も教育も、時間を考慮せずして語れない。すなわち、時間と共に変化していくということである。建てた人も建てられた人も、建てたものも建てられたものの意味も。同様に、教えた人も教えられた人も、教えたことも教えられたことの意味も変わってゆく。

例えば、パリの郊外に建つル・コルビュジエのサヴォワ邸。『近代建築の五原則』を体現した、近代建築史上あまりにも高名な作品でありながら、発注者に存分に住まわれることなく、戦時中は連合国軍に接収され、横長の連窓は射撃の台にされた。一時は荒れ果てて取り壊しの危機にあったのが、幸運にも存え、世界中の建築家と建築学生を招き集めている。近代建築の記念碑として、またおそらく、街の唯一の観光資源として。

学部2年生の夏休み、サヴォワ邸の模型づくりに取り組んだが、なぜそれで近代建築が分かると教えられたのか理解しきれなかった。今年、学生を引率しての海外研修で実際にサヴォワ邸を訪れ、教えられた真意に気づく。モダニズムという時代に時代の子として建てられた建築は、たどった命運も含めて、その後の建築がどのように変遷してきたかも含めて理解すべきだったのだ。今になれば分かること、今はまだ分からないこと。建築と教育は入れ子になり、二重らせんのごとく寄り添いながら続いていく。世代から世代へと、時代から時代へと。

もう一つ、建築と教育には切ない共通点がある。能う限りの手を尽くして送り出すとき、手をかけたよりもずっと長く続くべき、その先の時間を思うということが。

サヴォァ邸

建築と人

藤田慶

価値観の多様化、縮小する社会、財政破綻目前の経済、先送りされた諸問題。20世紀的近代から大きく変りつつある時代の中で建築はいかにあるべきか。

日本の建築家は近代と共に生まれ近代と共に育ってきたが建築のORIGINを語るにはまず近代的な思考から離脱することが必要だ。ここでは試しにウィトルウィウスの「強・用・美」をガイドにし、建築を「健・理・活」の3つの側面から再定義する。

【健】

親が子の健康を第一に願うように、建築家は健康で長生きする建築を生まなければならない。もちろん社会的な要因からその寿命が尽きる事があるかもわからないが、少なくとも体は丈夫にメンテナンスしやすく生んであげなくてはいけない。クライアントが育ての親なら建築家は生みの親である。名建築が健康でないという理由で取り壊されるのは残念でならない。名建築を作ろうとする者程、建築と自分の健康に気をつけよう。

【理】

近代の合理性は直線的・排他的・画一的であった。これからは多様なものを許容する大きさと正しさといい加減さが新しい合理性となるだろう。敢えて整理されず曖昧で伸縮可能な場が求められる。そして空間は機能に従うのではなく人間のキャラクターに従う。合理的な建築とは許容幅を持った特殊解なのである。

【活】

建築は古来人の心を動かすものだが、これからの建築は人に行動を起こさせるものである方が良い。行動的な人は人が集まれる場を持ち、その場をクライアントと共に生み出すことが建築家の職能になるだろう。その場は人が集まりやすい公共と言えるが、所有者の哲学が滲み出る私的領域でもある。このように人の集まる私的な場が都市や町村に広がっていけば、美しい社会を建築家が創っていると言えるのではないだろうか。

「正面にある家」(左頁写真、右頁図面)　＊中西ひろむ氏と協働
「岩倉の家」(右頁写真)

写真:杉野圭

建築とパラドックス

片山英

paradox：常識的見解に矛盾するように見える見解、あるいは心理に矛盾するように見えて、実はそうではない説（「パラドックス」『岩波数学入門辞典』岩波書店）

建築以外のものを突き詰めることで建築を作る。非建築を追求することで建築を追求する。すべての建築家がいまだ見たことのない建築の姿を探求するように、パラドキシカルな思考によって、新たな建築の姿を垣間見る。

具体的に、「住宅」というプログラムについて考えてみる。本作品では住宅を閉鎖的建築と定義することで、パラドックス的設計を展開した。

平面図

長手断面図

木屋町通を流れる高瀬川に沿った、アウトサイダーアーティストである小幡正雄（1943-2010）のための住宅。水上に浮遊した一室空間、水中に漂う八つの階段室、そして街路の地下部分に埋め込められた諸室からなるこの建築は、創作、展覧、居住を混同する彼にとっての場の集積としての、非住宅であるが、紛れも無い住宅と言える。

パラドキシカルに建築を考えるということ。それは、自分自身のORIGINを作っていくための、一つの手段なのである。

短手断面図

建築と揺らぎ

木下慎也

建築は「もの」と「こと」を扱う。簡単に言えば、「もの」とは物質のことを、「こと」とは現象のことを指す。ただ、建築が実質的に扱うことが可能なのは、「もの」のみである。

というのも、建築はプログラム（想定する「こと」）に応答するよう設計する場合が多い。その際、プログラム＝「こと」には時間が介在するため流動的であるから、その「こと」が成り立つある一瞬（最大値）を定量的に決定し、「もの」を操作して空間を構成する。しかしながら、いかなる「もの」も、けっして一定ではない。平衡状態にあるというだけである。このように、一見定常的ともいえるものの中に生じている差異こそが揺らぎである。関数的に言えば、

京都御所、二条城、さらには上賀茂・下鴨神社
京都には代々の行政の中心が今も残されている
それらの立地はすべて水文学によって決定された
view from Oike St.
洛源 - Hydrophilicity -
一二〇〇年の都はその豊富な水によって支えられてきた。しかし、各通りの両端にあった小川は埋め立てられ暗渠とかし、今では治水され整備された僅かばかりの水辺に人々が群がる。あまりにも疎水的になってしまった都市、京都を親水都市のモデルに定し、再編する。
かつて京都にあった社会的資本である水上空間をもつ親水都市。現代において失われた親水空間を蘇らせ、親水都市へと導く源泉となる庁舎を構想する。水の現れとして新たに誕生する象徴的建築。そこから都市を涵養する水によって、親水空間によって、親水都市によって強く結びつく人々。誰でも自由に往来出来る特徴的公共建築としての機能を最大限発揮し、都市において憩える場を提供することで、新たな出会いが生まれ、新たな市政が生まれ、水に対する新たな意識が派生し、浸透し、新たな文明が生まれる。
京都の根源であり、人々の故郷となる、涼源郷
class
function
material
3rd block
TERRACE
GLASS
2nd block
MEETING
COOPERATION
1st block
OFFICE
SERVICE
under block
HALL
STONE
4つの基準レベルを設けて、それぞれを機能分けする。現市庁舎から導かれたモジュールを適用し、さらに植物の生成過程に似た階層の分かれ方をする。
上層へ行くほどグラデーション的に素材が石からガラスへと変化する。
SYSTEM DIAGRAM
従来
完結的
底面の矩形を半分にした天板を基準階に2つ、平面的に重なるように配置する。上下の矩形の各々の頂点を旋回するように結ぶと、稜線をもつ二股に分かれる相互的なCOREができる。
提案
相互的
SITE
現庁舎及び北側の妙満寺跡：三方の山々を臨み、東側に鴨川を有する。交通の中心であり、街へのエントランスとなる。

極値（局所的最高値又は局所的最低値）を持っているのである。

以上より、「もの」を扱う故に、建築と揺らぎは不可分である。ならば、特定の「こと」のために設計した建築であっても、思わぬ一瞬の「できごと」を生起することがあるのではないか。そのような「こと」が起こる可能性の高い建築を考えるには、揺らぎを増幅させるように「もの」を扱わなければならない。

ところで、宇宙の始まりに揺らぎが関係しているという説がある。ならば、建築の「ORIGIN」も揺らぎにあると言えるのではないだろうか。

view from 2nd Level (+20M Level) at hydrophilic walk

photo of model at hydrophilic walk

photo of model at hydrophilic plaza

view from 1st Level (Ground Level) at hydrophilic plaza

N-S SECTION

PLAN +20M

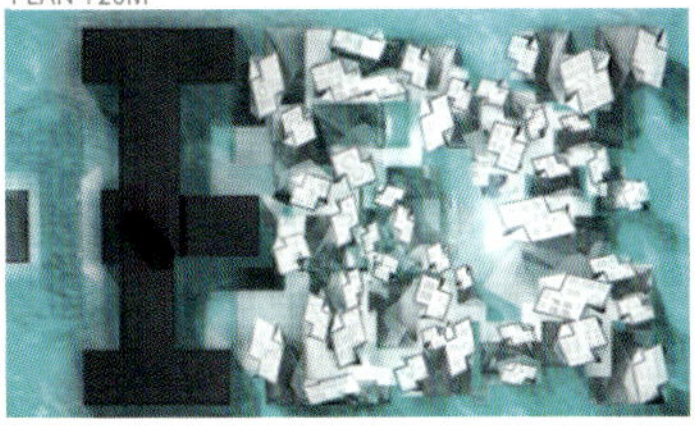

PLAN +1M

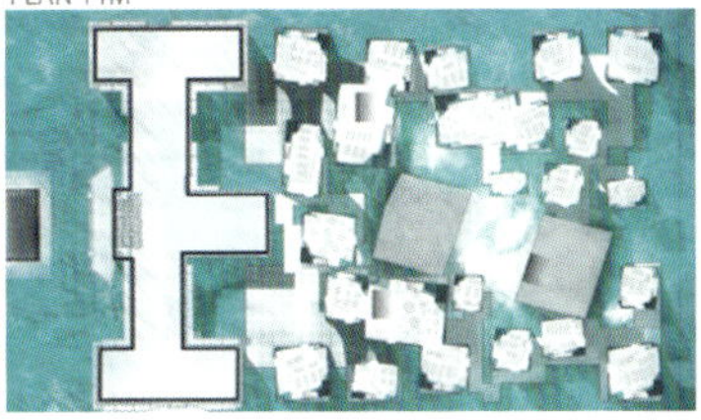

建築と形式

西原将

建築とは何か。という問いに答えを求めることが空虚であろうと、そのように思考することは建築に近づくための手がかりになりえるのではないだろうか。そこで、形式について考える。まず、ある断定を伴う手続きを「形式」と呼ぶことにする。そして、建築は「領域」を決定するということから逃れられない。そのとき、様々な二項対立によって限定された領域にその在り方を閉じ込めようとするのは有効である。光と闇。物質。尺度。感覚と認識。しかし、ある意味に限定されてしまうということは豊かではないだろう。ゆえに建築家はトートロジーの微かな意味の振動によって限定を抜け出そうとする。

言葉であればそれが容易に達成できるかもしれない。建築の場合はどうか。形式による断定的な手続きを経て、ものに至り、空間に至り、建築に至る中で、言葉よりもはるかに限定されてしまう存在する「モノ」を扱うことからは逃れられない。しかし、その隘路を抜けるのもまたモノに依る。そのモノを感覚する人間に依るからだ。建築とは、内在する物質と形式を感覚し認識する人間に依っている。断定と逸脱の多層的な手続きを経て、そこに互いに重なる普遍を見いだす。あるいは、不可逆的な手続きの末の意味の攪拌によって不変の真理を見いだそうとする。そしてそれらは全て別々に起きていることでもないし、それが意識的かどうかさえも関係はない。そこで重要なのは存在してしまったものとそのものをものたらしめている形式でしかない。

オブジェと人間の彼岸に佇む建築

MATERIALITY ENGINEはただの建築である。そこには、或る形式によって捏ねあげられた形に、階段という明確な人間の尺度が少し織り込まれる。人間とオブジェの彼岸に佇むような建築を構想した。ここで限界まで削ぎ落とされた意味を形の豊穣に昇華させるために「形式」「尺度」について考えた。

それこそもっとも純粋な建築のひとつの在り方ではないか。そして、形式とはどこまでも等価なものであるだろう。壁を立てることが建築的に正しいことではない。ぐにゃぐにゃの曲面であろうが垂直に立ち上がる壁であろうがその存在において等価である。にもかかわらず、疑いなく長年かけて洗練され培われてきた既存の形式の安寧を受け入れている。新たな形式を探求することは建築のもつ潜在的な無限を広げるものであり、新たな手続きによってその普遍をさらに囲い込むことができる。建築の根源に近づくための思索は、遡行する思考だけでなくまだ見ぬ新たなものに対する一見反対向きの思考も有効であるだろう。内と外に向かう双方向の探求と、それらの場所で発見された手続きの重ね合わせによって共通する普遍的な領域は圧縮された濃密な無限のORIGINになりえないだろうか。希薄な無限から形式によって、そして建築によって濃密な無限のORIGINへ。

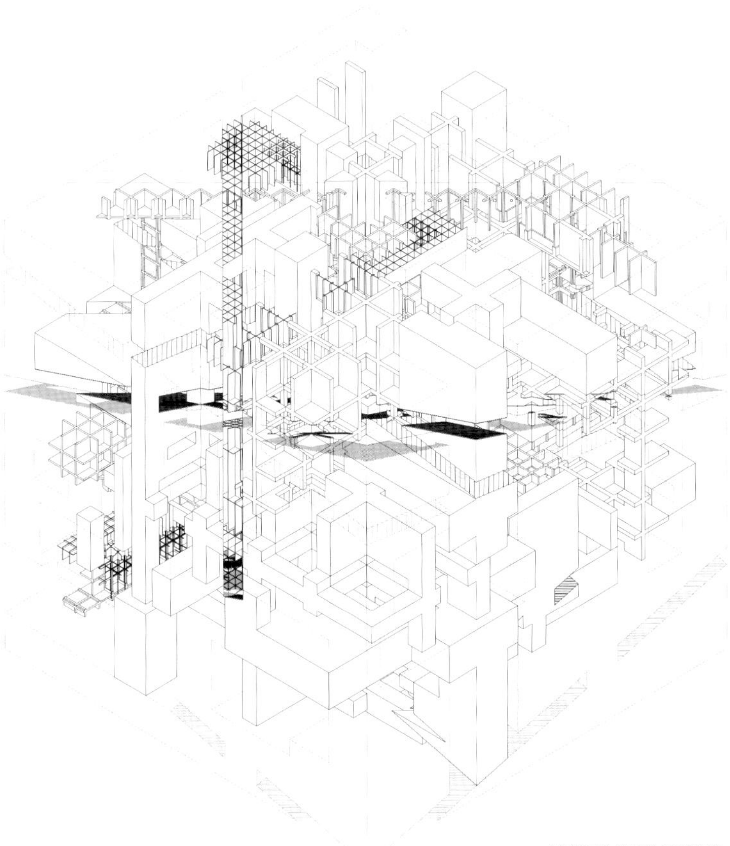

MATERIALITY ENGINE

建築と可視不可視

中園幸佑

「見えない」からこそ意味を持つということがある。人と人とが共有する上位精神もそうであろうし、また実在とは異なる位相にあたる重力加速度は、形而上学的な働きとして捉えられ意味を持つことが可能となる。探求の志向性には、常に見えないものへの希求が存在する。

この建築は全く異なった人種・年代の創作家七人が住まい、創作活動を行う場として設計されている。彼らはみな、自らの歴史や思想を手から離れるひとつの統一体たらしめようとする人々である。そのような発現者一個人にとっての家とは、帰り着く場としての家ではなく、創造の現場としての家、まさに自己自身と考え得る。その家と家とがせめぎ合う時、個々人の波は衝突し、融和し、個人を超えて新たな創造の地平を見るのではないか。その波は、見えな

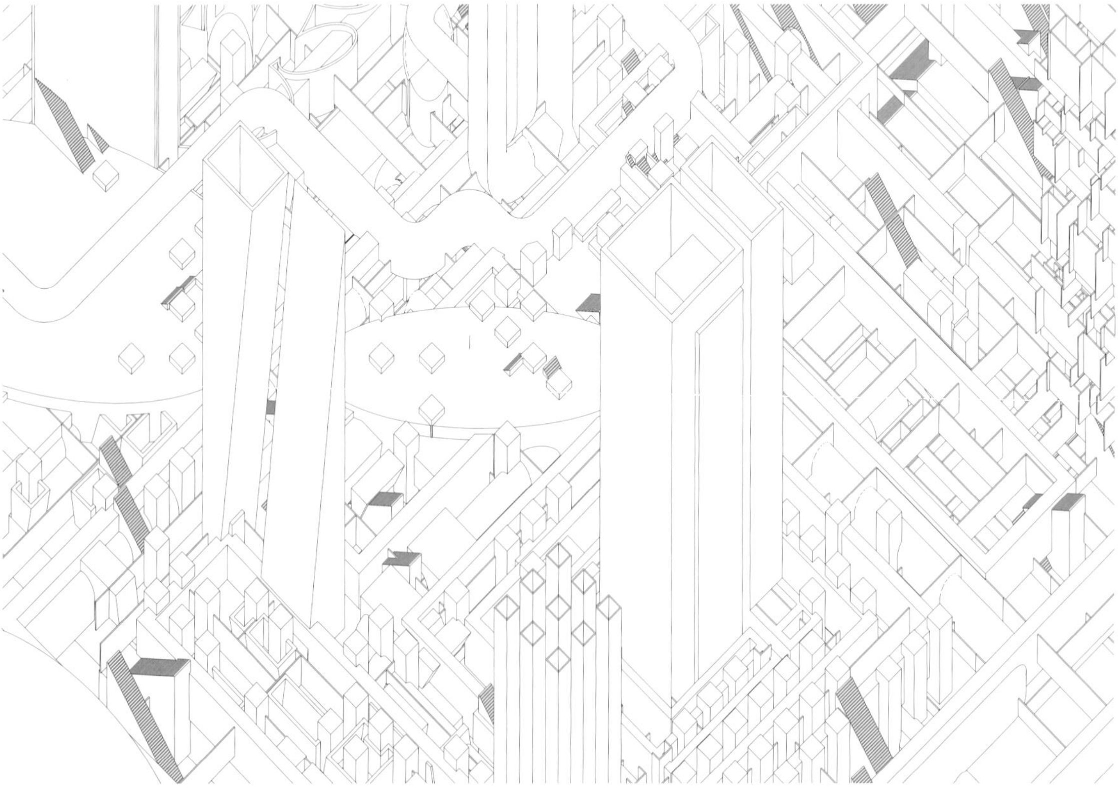

建築形態の生成過程。創作家七人の形相の「加」「減」が行われる。

い個人として、また代理人として空間内に表出されている（個々人に割り当てられた形相の基本形を建築形態として空間的に散りばめている）がために、意味を持ち続け、その建築で生を全うする七人に常に「呼びかけ」続けるのである。

建築における可視不可視の問題は、激化を免れない人と人の関係を内包することを可能にし、そこには共同体として働く見えない一体性と解離性が常に存在することになる。その表れとして物語（出来事）が見えてくる。すなわちかつてない物語の現出が共時的に建築内におこることを可能にするのは、不可視の働きを建築の形相（可視）が持ち得ているかどうかに依拠しており、建築におけるORIGINとは、未見の物語を可能とするその力のことなのである。

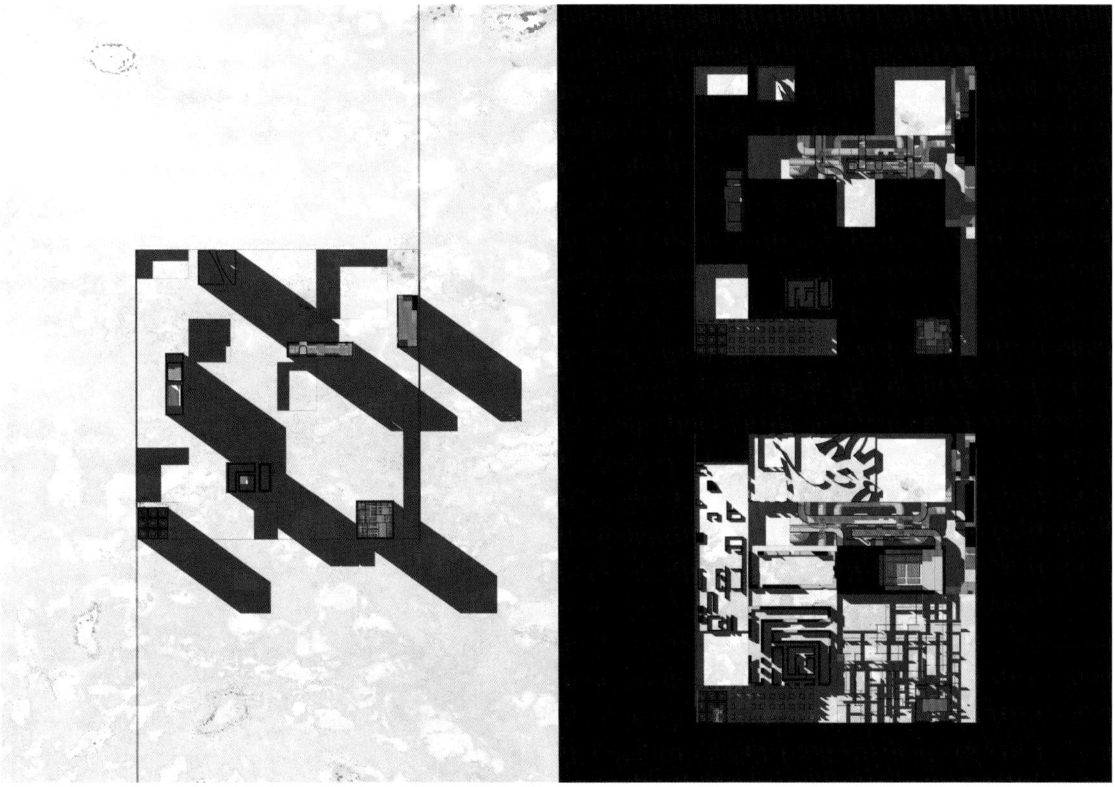

各平面図（左：地上階、右：地下階）。個々人がせめぎ合う地下空間から、創作の場としての地上塔が屹立する。

建築と新しさ

千葉美幸

「代替可能な世界をすすんで認める態度は、探究の新しい大道の通行を自由にし、そうした大道の所作を示唆するが、とはいえあらゆる世界をなんでも歓迎する態度からは何ひとつ世界は作りだされないことを付言しておこう」（ネルソン・グッドマン『世界制作の方法』）

意識的に、というよりはむしろ脅迫観念に近しく、制作物を考える際付与されるべき形容は、「新しい」であると信じてきた。

新しい形態、新しい概念、新しいプロセス、新しいオフィス、新しいドア、その他、諸々。

建築の意味（用・強・美、或いは聖、或いは○○）、建築への思考・技術・素材、または構築の秩序といった、建築に関する歴史の眩暈のするような物量へ必然的に抱く畏敬の念を翻しながら、作るということは須らくそれらを礎に事物をよく視る、解体する、構築することにより、新しさを持つ生を助くこと、すなわち文化の進歩に与することであると。

建築はその大多数において、ある一定期間・土地という唯一無二の座標点を占めることができ、ある一介の新しさは保有しているが、それに類する特称的な新しさはひとまず括弧に入れておき、世界に係る文化的・全称的な新しさについてまず考えたい。

ボリス・グロイスは「新しさについて」（アールissue02/2003）の中で、「新しさの終焉についての肯定的な興奮」が流布していると語り、「アーティストと美術理論家は……歴史的取り決めと歴史的に新しくなければならないという要求に従う義務から自由になったことを喜んでいる。代わって……政治的に、そして文化的に社会的現実と関わりたいと望むようになった。自身の文化的アイデンティティを反映させたり、願望を表明したりなどしたがっているが、なによりもまず、自らを本当に生き生きとした現実的なものとして見せたがっているのだ」と述べている。

しかし同時にボリスは、形態的差異から時間（寿命）的差異、物質性の差異へと変容したため、終焉したかのように見えるのは形態的差異であることを示している。新しさがこれまでの形態に象徴・統合されていた差異によるものから、かつてない様々なパラメータによるものへ拡張したことで、翻って霧散して見えなくなっているとも言えるだろう。

建築内でも同様のことが起こっていると見てとることができよう。建築に持ち込まれた新しい差異としては、まず仕事の在り様に関してコミュニティデザイン、物流デザイン、コンサルティング等が挙げられるだろう。主に形態に関するアルゴリズムなどのコンピューテーショナルデザイン、制作時に関するデジタルファブリケーションも列記できるかもしれない。

新しさは分割され、新しさのためのツールが溢れ、「新しさ」は多様・複雑化を極めますます難解に見える。ヴィジョンとヴァージョンは個人とツールの乗算の数だけ存在しそうである。それ故、「新しさ」と「個人的初めて」の境界線の判別はほとんど不可能のようだ。

歴史の文脈は分岐し、その網の目の濃度は上昇を続ける。

新しさと、個体としての生の距離が遠い。

この事態こそが新しいのだと、もしくは新しい世界は表現の数だけ無数に存在しているのだとし、個人が全称的新しさ・世界的新しさを語ることはナンセンスとアイロニカルにすましていれば安全である（情報世界に象徴されるビッグ・バン世界は全体把握が不可能であるのだから）。

そのとき、制作者の依拠する根、かつ精神的糧となるのは、特称的新しさであるといってよいだろう。手の届く世界を確保し、その世界を喜びの中に深化させてゆく。フォシヨンの「手に捧げる」に類する芸術理解を寿ぐ。自らを含めた顔の見える個人の生と喜びにこそものづくりの本性が宿る、と喧伝することも可能だ。世界を見透かすことを夢見る制作者から、世界で歩くことを喜ぶ制作者へと制作者の再布置が行なわれる（これはなにも対立するものではない）。

そのときもはや制作者は、上空で進歩と呼ばれる強風に翼をさらわれてはいない。地表で自らの足に恃んだ自由を手に入れている。ただその前進のうちには二つの捨て去りが暗に含まれている気がしてならない。一つは背後に築かれた歴史の山(うんざりするような量の制作の宝庫かつ重荷)。もう一つは同時代の隣人の制作者(「グランドジャット島の日曜日の午後」の人々のように、誰もお互いを見つめたりなどしない)。しかしその捨て去りも、ある時期が来たら振り返れば済む話である(それも制作者本人でなくてもよい)。

詰まるところ、全称的新しさを目指して新しさを論じてきたものの、特称的新しさにしか帰着しえないと気がつく。特称的新しさは全称的新しさに還元はできないし、むしろ正しい特称的新しさが多数の新しさを巻き込むことによって新しさの地位を獲得していくようである。今となっては全能者が居なくとも、世界は自動的に代謝してゆくことはほとんど自明であるようだから、制作者が可能であるのは、自らの足の赴く方向が願わくは正しく確からしく新しくあるよう祈ることのみなのかもしれない(もしくはこれまでいつだってそうだったのかもしれないが)。

seeking for something new

建築と芸術

小川昂人

そもそものところ、私にとって建築のORIGINとは何か、と考えた時、そこには「芸術」が、さもそこにいることが当然であるかの如く横臥している。即ち、建築のORIGINを探るということは、私のこれまでの生活を吐露し、知りたくもない情報を稚拙な「モノローグ私語り」と共に押しつけることになり、セルフディスクロージャーという甚だ破廉恥な行為に勤しむこととなる。そのことに重々留意して頂いた上で、この後の文章をお読み頂きたいと思う。

父が画家、母がピアノの先生という特殊な環境下、即ち「芸術」が知らず知らずの内に近くにある環境下で育ち、幼い頃から絵画が作られる過程、音楽が奏でられる瞬間と共に生きてきたということは、私が建築という世界へ足を踏み入れるバックボーンの形成に少なからずの影響を与えている。また、これは私が建築に進むことを決めた後で知ったことであるが、父がかつて建築の世界を志していたという過去もまた、遺伝子的、否、むしろミーム(meme)的な感化があったとも考えている。

芸術を身近に感じながら育った幼少期から、中学・高校と進む中で、語学よりも数学に興味を持ったのは何故であったか、そこについては、全くと言ってよい程に記憶がないのだが、建築に進むことを決めた高校時代のことは、今でもはっきり明瞭に覚えている。即ち、数学と芸術の境界線にある「建築」という存在を知った、通学路にあったある本屋における建築書籍コーナーにたまたま足を踏み入れた時のことである。思い起こせば、小学校、中学時代から、「絶海の孤島」「吹雪の山荘」等の所謂クローズドサークル物、密室物の推理小説が大好きだった少年は、その当時から建築の漠たる魅力に取り憑かれていたのかもしれない。謂わば、文学という「芸術」の影響を受け始めていた時代とも考えられる。

さて、「芸術」と聞いて、どの位の人が「社会」という言葉を思い浮かべるだろうか。実は「芸術」とは「社会」と切っても切れない関係にあり、「芸術」と「社会」は一体的に発展してきたといっても過言ではない。例えば、クリムトとシーレ、ロダンとクローデルのような師弟関係やゴッホやルーベンスとパトロン達との庇護関係もまた、その「社会」的背景によって醸成或いは決裂したと言えるのではないだろうか。「芸術」と「社会」の一体的発展の最たる例として挙げられるのが、ロシア・アヴァンギャルド運動である。

1910年代から20年代にかけて展開された芸術運動の一つ、ロシア・アヴァンギャルド運動。美術、詩、詩学、演劇、映画、建築、デザイン、ポスター、音楽、バレエ等といった分野の領域横断と、未来主義、光線主義、スプレマチズム、構成主義、生産主義、フォルマリズム、レフ、事実の文学等といったイズムやグループの混在が見られる。

私はかつて高松研究室在籍時、修士論文のテーマとして、ロシア・アヴァンギャルド建築を扱った。それは、同時期に展開されたロシア・フォルマリズムの文学理論、芸術理論、そしてその展開である文化記号論というより大きな視野の下で解読する試みであった。即ち、その社会的特殊性によって、社会的側面から分析されることが多いロシア・アヴァンギャルド建築を、その当時の運動の中において、他の芸術と関係しながら展開してきた部分に焦点を当て、その芸術的特性に関する考察を行なったのである。執筆から時間が経っていることも相俟って、遡及的言及を行なう必要性を止むを得ないものとしつつも、この建築と芸術運動の関係についての考察は、私にとっての永遠のテーマの一つであり、常に思考の根幹にあると言っても過言ではない。

ここで注意すべきは、建築を芸術として捉えることが、必ずしもその工学的特性を捨象して考えるということではないという点である。その芸術的特性を解読することは、その背後に建築の工学的特性に関する記述を透かし見ることである。即ち、建築を芸術として捉えることによって、様々な分野の領域の横断を踏まえた上での建築の特性を記述することが出来るのである。

ロシア・フォルマリズムと文化記号論の芸術理論モデルに基づく「コンポジション」、「異化」、「視点」、「枠組」という四つの概念は、必ずしも独立した概念ではない。芸術の階層的性質、構造的性質を視野に入れた上で、これらの四つの概念からロシア・アヴァンギャルド建築を解読することで、その芸術的特性が浮かび上がってくるのである。

ロシア・アヴァンギャルド運動の中で生まれた芸術理論の一つに、ロシア・フォルマリスト達による詩的言語理論がある。構造言語学あるいは一般に構造主義は、このロシア・フォルマリズムを源泉としており、文化記号論の理論モデルとなっている。また、文化記号論は、構造言語学を基盤とし、これに情報理論、サイバネティクスを連続させて発展した。文化記号論の創始者たちによって、ロシア・フォルマリズムの復活の必要性が叫ばれたことによって、文化記号論は、フォルマリズムの諸成果の新しい読み直しの作業をその仕事の内に含むこととなる。つまり、戦前のロシア・フォルマリズムによって提起され検討された諸問題が、そのままといってよいほど文化記号論の理論的前提として受け継がれ、発展させられたと言える。ロシア・フォルマリズムは、詩的言語理論を展開したが、それは、一般に芸術理論として通用するものである。それは、あらゆる記号系の中で最も複雑で高度な記号系は自然言語であり、この自然言語の可能性は、詩的言語において最も高度に発揮され、芸術は、この自然言語の上に形成される二次的言語と言えるからである。

ロシア・フォルマリズムの重要なテーマの一つ、「異化」(オストラニェーニエ остранение)の手法は、見慣れた言葉を新しい文脈に置くことによって、見慣れぬ新しいものとして蘇らせることである。「異化」の手法によって、ものは自動化の状態から引き出され、テクストの構造全体が情報性を保つのである。即ち、ある建築における「異化」の手法を記述することは、「芸術」としての建築を知覚することを可能にすると言える。

また、タルトゥー学派の中心人物であるユーリイ・ロトマン(1922–)によれば、「枠組」(オブラムリェーニエ обрамление)は、芸術テクストを非芸術的テクストから区別する境界であり、「枠組」によって、テクストは限界性を与えられる。そして、この境界線がどこに引かれるかによって、様々の題材的諸要素に区分される。芸術作品は、空間的には限定されながらも、無限的世界のモデルをなしている。即ち、無限的世界の有限的モデルをなしており、従って、芸術作品は、「一つの実在の、他の実在への反映、即ち、常に翻訳」である。このことによって、芸術作品は、「描写される生の一部ではなく(正しくは、単に一部ばかりではなく)、この生の総体全部を己が空間によって置換える」のである。また、ロトマンと同じくタルトゥー学派の中心人物であるボリス・ウスペンスキイ(1937–)は、「世界を記号とみなすために欠かせないのは、まず境界を設けること」であり、「境界こそが表現を生む」としている。例えば、絵画作品における「枠組」は、「絵に直接示されている境界(とくに絵の枠取)にしろ、特殊な構成上の形式にしろ」、「表現を組織して表現に記号としての意義を与える」のである。芸術テクストを、非芸術テクストから区別する境界が「枠組」であり、そして、この「枠組」によって、表現が生まれると言える。「枠組」が、必ずしも直接示されるものではない概念であることに、我々は留意しなければならない。

ここで全てに触れることは難しかったものの、社会主義という特殊な環境下で展開された前衛芸術運動という一つの大きな体系の中に置かれたロシア・アヴァンギャルド建築は、このような同時代の芸術に対する理論モデルによって解読可能であり、その芸術的特性が記述されるのである。

さて、かつて師・高松伸から贈られた「美は機能」という言葉は、かつてバウハウスによって提唱された「Form Follows Function」を参照すれば恐らく、美から生まれる建築があると解釈することも可能である。勿論、機能主義的な立場に立っていれば、の話であり、一般的な高松伸像とは果たして機能主義かと問われると些か首肯し難い部分はあれども、よくよく考えれば、現代において機能のない建築を設計する機会があるのかという疑問に逢着してしまう。先天的に機能を持たずして生まれる建築、それは現代では成立しないのかもしれない。しかしながら、美という機能に立脚した建築が生まれることに関して、即ち「美しい建築」の誕生・創出については、前述の言葉を足掛かりとして近接することが出来るのではないだろうか。現代、既にそれが許される、否、求められる「社会」が始まっている。

建築と夢

川 上 聡

「建築はすべての人々の夢である。」
RICARDO LEGORRETA（1931-2011）

建築するということはそこに住む人やそれとともに時を過ごす人のための空間を形成すること。人々にとってその空間は、物理的な必要性を超えて、日々の生活を生きる、あるいは特別な瞬間を体験するための貴重な場所である。

建築はそれぞれの人生の物語が繰りひろげられる“舞台”を設計すること、つまり、“夢”を描くことである。

写真/LEE SEUNGMOO

写真/LEE HANKOO

写真/LEE SEUNGMOO

写真/PARK WOOJIN

写真/PARK WOOJIN

写真/PARK WOOJIN

写真/LEE SEUNGMOO

写真/PARK WOOJIN

写真/LEE SEUNGMOO

写真/PARK WOOJIN

写真/PARK WOOJIN

写真/LEE SEUNGMOO

写真/LEE HANKOO

写真/PARK WOOJIN

写真/LEE HANKOO

写真/LEE SEUNGMOO

写真/PARK WOOJIN

写真/PARK WOOJIN

CASA DEL AGUA、済州島、韓国（LEGORRETA+LEGORRETAにて担当）　写真提供©樹流山房 suryusanbang

建築とナラティブ

川原達也

建築について語るときにわれわれの語ること。

それは、かくかくしかじか、これこれこうこう、云々かんぬん、どうたらこうたら、あれやこれやに、何とかかんとか...
あるいは、それらとは全くもって正反対のことがらたち。

建築はナラティブである。
文法を開発せよ。

When we talk about architecture, what we talk about is

blah, blah...
or the exact opposite.

Architecture is a narrative.
Develop the grammar.

Line, Surface, Space

Tatsuya Kawahara

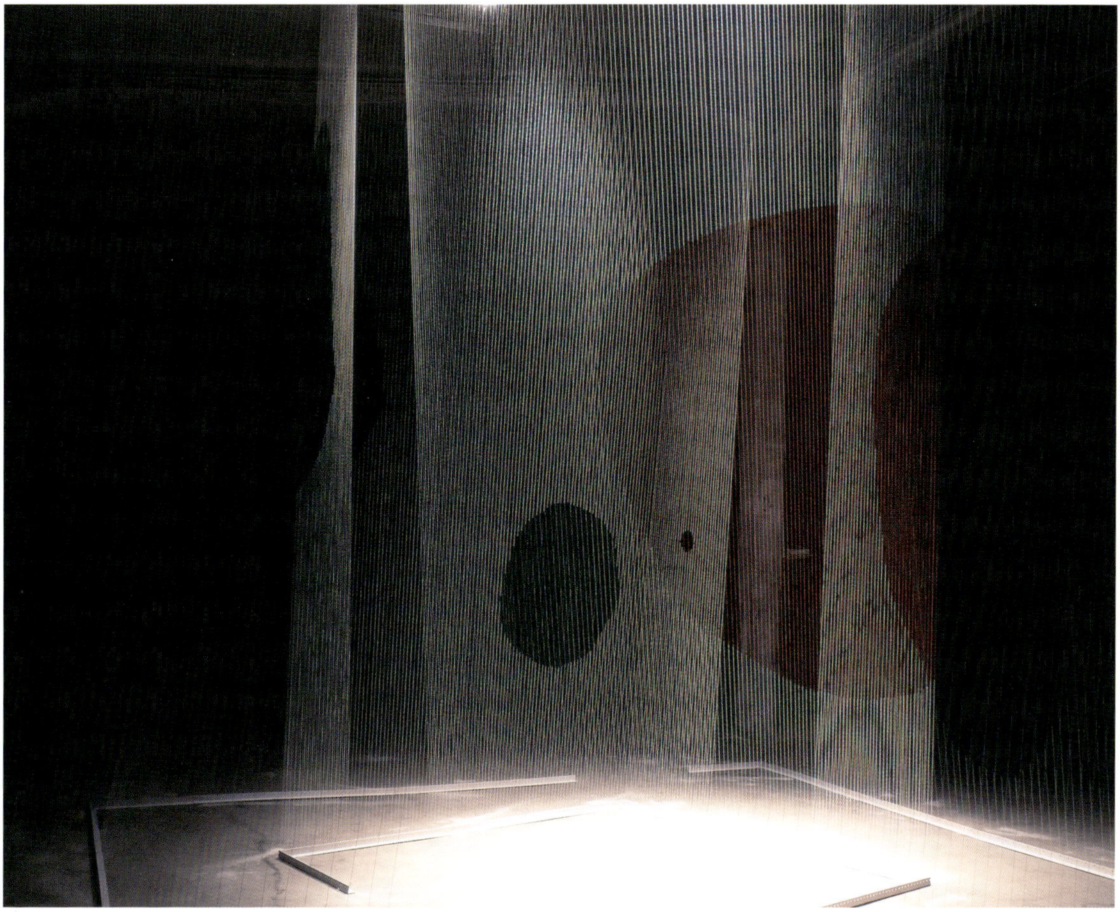

Line, Surface, Space

建築と欲望

高 婧

時が経つにつれ、徐々にごく自然にある場所の形態と歴史の一部となってゆくような建築を設計したい。それは、建築が建築家の手を離れ、一つの存在として自立するということではないだろうか。

考えるに、建築の生み出す風景には、欲望的思考が存在している。人の思考には基本的な空間認識の感覚が存在し、その空間的意識が建築を形作っている。ならば、建築とは人による本能的な物理表現ではなかろうか。建築は具像であり、人間の必要に応えるためのものであると同時に抽象的である。建築家は建築を構築する時、自身の経験、感情、地域性といったものを考えている。それは自身の感情を移入しているとはいえ、思想と現実を統合し、具現化している。ここでいう思想とは、イデオロギーの世界やドローイングのもたらす抽象の世界であり、現実の世界との出会い──歴史的状況や、文化の本質や、また土地に染み込んでいる記憶との出会いでもある。

人という生命体は自然の営みからはみ出す思考をもち、行動を取るようになった。そのはみ出した思考とは人間の本能である。本能からくる思考は時に物事を否定し、時に肯定する。その否定は肯定の為の否定であり、否定の為の肯定である。つまるところ、禁止はただの禁止ではないということである。否定を繰り返すことで肯定が生まれる。否定はいわば創造の要である。その思想は、目標に達成できるのだという幻想を生み、決して到達できない目標──不可能なもの──を可能なものと錯覚させすらする。その錯覚は次なる否定を生み、肯定を導く。導かれた肯定は更なる否定を生む。すなわち、生きる力となる。人は否定、禁止、欠落を通して初めて認識することがある。否定による幻想、幾多もの否定により重ね合わされる幻想、幻想は創造へと導く。そしてわれわれは欠如に欲望する。憧れへの欲求からの否定と欲求されるモノとの距離を欲望として打ち立てる。欲望は屈折しているのである。いわば否定、禁止、欠落を通してはじめて「欲望」的存在が認識される。

時に、どんな犠牲を払っていても建設したいという、やむにやまれぬ衝動に駆られる。「欲望」に満ちている。

工場は労働の空間を語り、教会は人間の最も強い願いのひとつである、精神が満たされる空間を語る。美術館はコミュニケーションの場、俗世のカテドラルであり、精神的な教示や文化的な提案を追体験する必要性を語り、自身の都市における重要な役割を語る。住宅は初源的な意味の空間を物語る。

恐らくその建築は、あたかも何世紀とそこに建っているかのように、固く根を下ろしている。

記憶の積層、時間の積層により、幾つもの空間が切り出され、静謐な建築空間が構成される。記憶や感性により空間は一層深みと豊かさを増す。時により洗われた感情は響き渡り、空間を構築している。さらには地域性やアウラ、感情といった要素が互いに響き合い、建築空間の「旋律」を奏でているのではないだろうか。小さな不確定さや乱雑さが「欲望」という旋律を内包しながらも、建築——風景全体へと展開している。その「欲望」なるものが風景を作り上げ、建築を構築するのである。

建築は物語に似ている。物語は単なる言葉の羅列ではなく、限られた言葉を用い、限られた約束事に従い、人の心に届く。建築もまた然り。

建築——完結しない風景であり、終わらない欲望である。

すなわち、建築におけるORIGINである。

建築と野合

寺村雄機

建築のORIGINを問うにあたり、まず、無限の地平に唯一建つ、理想の建築を思い描いてみる。それは建築のための建築であり、何者の干渉も受けず、一見すれば完璧な存在であると錯覚しそうになる。しかし次の瞬間、私はどうしても問わずにはいられない。「それに何の意味が？なぜ、そこに在るのか？」そこで急速にその「建築」は形を失い始める。そして何もない地平には、形を持たぬ「意味」への問いがぽつんと後に残されることとなる。

本建築は、豊中市に建つ自動車のショールーム＋整備工場である。「自然」と「自動車」の二項対立をいかにして刷新するのか、という命題は、今やテレビコマーシャル等を通じて広く社会に共有されたものとなっている。本建築における回答は二つ。太陽光発電や人感センサー、全館LED照明の採用等の環境配慮による「結合」、そして「野合」。

人通りの多い国道176号線に正対して、大きな額縁を構えた。そのスパンと透明性を成立させるため、背面の整備工場を敷地形状に合わせた角度をつけて貫入させ、水平力を負担させる。それによって柱を190Φまで絞りこんだ。その上で背面の整備工場（角波サイディング）、トイレコア（リブ付木製パネル）の素材要素を切り分け、額縁（アルミパネル）の中で即物的な接合を試みた。また、ショールームと整備工場の隙間に生まれた三角形の屋外展示場に必要緑地を集め、額縁の中に光と緑の要素を配置した。そして、自動車が展示される。

かくして、道行く人々の視線の先に、射程を越えた「新たな意味」の発露を待ち望む。（手術台の上の蝙蝠傘とミシンのように、額縁の中で誰かの横断を待機している。）

建築は言語ほど強い意味への推力を持たぬがゆえに、そのレトリックを語る事自体、まったく不毛であるかもしれない。語るごとに（言語空間の隙間へ）こぼれ落ちていく事物の血肉を拾い集めようとやっきになって、また建築へと舞い戻る。いずれにせよ、この世界と建築とのある意味野合によって、私自身の横断の軌跡上に現象しうる未だ見ぬ世界への「予感」こそ、次なる建築の「ORIGIN」であると。

カローラ新大阪 豊中店
サービス
定期点検
車検
ボディーリペア
P

COROLLA

建築と人間

高木舞人

わたくしという現象は

仮定された有機交流電燈の

ひとつの青い照明です

（あらゆる透明な幽霊の複合体）

風景やみんなといっしょに

せはしくせはしく明滅しながら

いかにもたしかにともりつづける

因果交流電燈の

青い照明です

（宮沢賢治『春と修羅』─序）

京都吉田のレンガ造りのキャンパスを追い出され、フラフラと寄り道ばかりしながら10年近くが経った。今は「エネルギー」や「コミュニティ」といったもののプランニング・コンサルタントやコーディネート・デザインなどを生業としている。気が付くと所謂「建築」や「設計」から少しばかり離れた世界に来てしまったかもしれない。恩師にはどう顔を向けて良いものか心苦しいばかりであるが、一粒の砂に無限の「建築」、刹那には永遠の「建築」があるように、「建築」の領域は思っている以上に広大である。

「ベンジャミン・リベットの実験」をご存じだろうか？身体の末梢部位に感覚刺激を与え、対応する大脳皮質の体性感覚野での誘発電位を計測したものである。この実験で二つの事象が知られている。一つは、刺激が知覚という経験になるためには、0.5秒の処理過程（誘発電位）が必要となること。もう一つは被験者の処理過程が遡行され、あたかも遅れがなかったように被験者には体験されること。一般に「意志決定の『機構』」と呼ばれるもので、私たちの意志に先駆けて脳がすでに起動していることを示す。この0.5秒の意志と知覚の非対称性について、精神科医の内海健は「つねに事象に立ち遅れる自己」を回収する「記号の反復可能性による錯覚」作用により「時間の切れ目において立ち上がる自己」として説明している。そして「自己は切れ目において立ち上がるが、同時に、それ自体が切れ目をなすことになる。」つまり「自己には狂気があらかじめ内包されている可能性がある」ことを指摘している。

1995年の阪神・淡路大震災、2001年のアメリカ同時多発テロ事件、2011年の東日本大震災といった「切れ目」の度に「建築」があらかじめ「内包」しているものが立ち現れる。それはエントロピーが加速度的に増大した後、残された廃墟にかすかに痕跡として残るものである。つまりその「切れ目」は極めて刹那である。

一般に建築は「秩序」を指向すると言って差支えないだろう。もちろん古代から現代に至るまで建築が目指す先は、時代や地域によって異なり、またその手法もきわめて多様である。時にそれは「天の国」であり「モダニズム」でもある。「建築」が空間に構造を有する物理物である限り「秩序」は求められる。そもそも、「建築」が建つ以前からその場にあるものとは、「コンテキスト」のみである。地理的・歴史的・文化的・経済的・政治的・民族的etc「コンテキスト」は多様で無限な「フラグメンテーション（断片）」なのである。そしてこの「フラグメンテーション（断片）」の衝突・統合・離散という「切れ目」から「建築」が生まれる。建築の秩序は私たちの意志と同じく、その「切れ目」を私たちに事後了解的に知らしめるのである。

私が『アダムの家──建築の原型とその展開』（ジョセフ・リクワート著）を手にとって約20年が経った。リクワートは儀礼のための道具に、建築の論理的な先祖を見出す可能性を示唆したが、私の「建築」への問いを回収するものではなかった。

人間の「自己」と同じように「建築」というもの自体が「内包」するものへ、不断の「賭け」を続けること。その行為自体が「自己」であり「建築」であるのだと。先生から教えて頂いたような気がする。

建築と幻想

上園宗也

「建築とは何か」と、これまでに途方もなく膨大な時間をかけて、繰り返し問われてきたものの、その確たる解というものは未だ宙に浮いたままといって差し支えない。というよりも、あまりに自明であるがゆえに、定義できないともいえる。原広司が『建築に何が可能か』の中で、「建築とは何か」と問うことは、「人間とは何か」と問うことと同様に不毛であると喝破した。なるほど、人間や馬や鳥、草や木や岩と同様に、建築がこの世界に存在する以上、有史以来の哲学者や思想家が「存在とは何か」と問い、その定義を見出すに至ってないのと同じくして、「建築とは何か」という問いもまた、おいそれと定義されるはずのない問いに違いない。

確かに、「何が可能か」という問いには、未来を志向し、そこに正対するまなざしが存在している。一方で、「何か」という問いとは、現在はおろか、過去に光を当てる行為であり、その反射光を頼るしか未来へ進みようがない。しかしながら、「何か」という問いは、対象の本質、あるいは根本原理や関係性を明らかにしようとする行為であり、実のところ、そうした事物の根源に立とうとする了解こそが、未来を期待し、希望し、まさに未来そのものを形作っていくための動議が発せられる現場である。「建築に何が可能か」と問う以前に、その「建築」が何であるかの一定の了解を端緒とする要請に従って、「何が可能か」と思考しえるのである。

さて、ともなれば、早速「建築とは何か」と問わねばなるまい。ところが、冒頭で述べたように、存在しているそのものを問うことに解など与えるべくもない。ただし、解を得ることは絶望的だが、建築の本質を問うということは、予め建築についての何らかの了解が前提となっていることは確かである。それでは、建築をどのように了解しているか、まずは明確にすることが先決となる。むしろ、その了解に自覚的でなくては、建築についての一切の言葉を紡ぎようがないのである。かくして、千差万別、ひとところに定まることなく、「建築」が語られ始めるのである。

様々な了解に基づき、語られた建築の全てが真であるかなど当然知るべくもない。ましてや、建築が構想され、設計され、建てられる、あるいは建てられることなく放っておかれる、その一体どこからが建築と呼べるのか、この問題も勿論ひとつの了解に基づくものであるから、同様に知るべくもないことである。とはいえ、ひとつだけ確かなことは、建築が建築たりえる時とは、それが建てられるか否かに関わらず、ある了解に基づいて発せられた語りによって、発した主体と客体との間で同意された、あるいは調停され、容認された場合に限るということである。そうして手を取り合った主体と客体、即ち共同体ともいうべき新たな主体が、趣意とする了解に基づき建築を捉え、多くの場合において実践へと歩み始めるのである。建築の可能性への扉が開かれるとすれば、この時を契機とする他ないのである。建築は、このようにして紡ぎ上げられた幻想の産物として結実するのである。

建築が幻想の産物であるからといって、建築が全くの荒唐無稽な夢物語であるということにはならない。建築はあくまでも「共有された」幻想の産物である。「共有された」幻想は、それ以外あり得ないという意味でそのまま当事者を束縛する制度や権力となり、あるいはそこに留まる限り、その快楽の保証や担保となる。共有する個体数が多ければ多いほど、その産物としての建築は、例えば容易に実現に漕ぎ着けたり、大いに讃美されたりするであろうし、少なければ、実現に困難を伴ったり、時には非難の的になることが想像に難くない。果てはそれに留まらず、社会を刷新し、世界を変貌させるほどのちからをもつことさえ十分に起こりえる。建築は、共同体による幻想の産物であるがゆえに、避け難く徹底的に社会化されるのである。社会化すればこそ、建築が積極性をもって眼前に広がる世界に対して参与するに足る資質を備えることとなり、参与すればこそ、その建築が建つ地を取り巻くあらゆる事象に対する責任ともいうべき義務が生じるのである。従って、建築は、建築自身によって否応なくその現実的な制限を受ける存在なのである。そして、「可能性」という言葉もまた、何の制限もなく自由が約束されている状況を前提とはせず、ある種の不可能性という制限があってこそ初めて浮かび上がる。つまり、建築が幻想によって現出されるとき、その幻想の語り口に従って、建築に何かが可能となる、あるいは建築によって何かを企てることが可能になる。

さて、今、建築に何が可能だろうか。ますます自然や人間との親和性が求められ、人々の生活や行動は多様化し、経済や情報技術はその歩みを加速させ、歴史と文化のしがらみは深みを増し、建築はその存在意義と能力を高めるよう要請されている。もはや建築に背負い切れないほどの課題といって良いかもしれない。建築家の職能が問われているといっても良いだろう。しかしながら、建築は、そこに掛ける共同体が紡ぎ上げる幻想から生み出されるものである。建築がいかなる課題と向き合おうとも、幻想の紡ぎ方によって、その可能性の射程を見定めることが可能である。むしろ、今、建築に何かが可能であるとすれば、どのような共同体を築き、どのような幻想を紡ぎ上げるかという思考と実践の結果としてしか、可能性を見出すことはできない。そのような了解の下で、「建築とは何か」と問い続けることこそが、今、そしてこれからの社会を担いうる建築の可能性を切り開く姿勢なのである。

建築と象徴

藤井洋之

建築とは無から有を形づくるのではなく、
既に世界に偏在する形にならないエネルギーを
抽出する行為である。

その時までいまだに目に見える形で
現れていなかったものを、
目に見える世界に出現させる行為である。

祭りを連想する。

いまだ現れず覆い隠されていたもののベールをはがして
立ち現れてくるようになる状態を
ギリシャ語でポイエシスという。

これは祭りの特殊解といえる。
このポイエシスを建築できないか。

特殊条件が必要である。
建築でのそれは無条件に美しく神聖なる地である。

その地にその地におけるポイエシスを
挑発したちあげる。
大和の原野である飛火野に立つ。
東方に春日の神格山である御蓋山を、
北東方に三笠山を、
北方に東大寺を、
したがえる。

三方向に強烈な挑発を感じる。
特殊性を追求する。
明快性を追求する。
幾何形態により、素材の変化により、密度の変化により、
その場の象徴としての建築をたちあげる。

Model Photo Inside 1

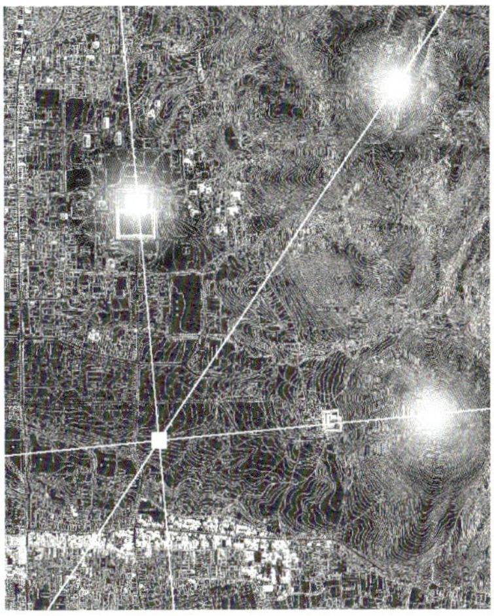
The Relationship With The Architecture And 3 Axis

Perspective Outside

Model Photo Inside 2

Model Photo Outside

建築とフォルム

政所顕吾

IDIUM―イディウム―

日本列島の最南西端、鹿児島。桜島や霧島連山・開聞岳に代表される火山地帯を連ね、特に現在でもなお人々の生活の眼前に噴煙をあげる桜島は、この地のダイナミズムを象徴している。また鹿児島では溶結凝灰岩が豊富であったことから、古くからその城下に石垣や石塀・石畳・石橋・石蔵等の石造建築が数多く見られ、優れた石工文化・技術が存在していた。しかし、構造材としての石材利用の減少や安価な石材の大量輸入により、鹿児島の石の文化は伝承するに厳しい時代を迎えている。この現状を踏まえ、遺構と化した数々の石造物を回収・修復し、新たな石材として再生させるシステムを提案した。敷地は、鹿児島城跡地。

城下町として発展してきたこの街の起源であり、まさにその溶結凝灰岩の石垣によって囲まれたこの象徴的な場所において、歴史と記憶が刻まれた石材を現代に甦らせる行為が粛々と営まれる。そして、未だに完結しえない火山活動に潜む鳴動に呼応するかのように、郷土のイデアを喚起し続けるであろうこの建築を「IDIUM」と名付けた。

さて、思い返してみれば、一本一本の線をひたすら重ねていき、漠然としたイメージから明確な像を紡いでゆくという、極めてシンプルかつ原始的な設計手法をたたき込まれた。設計、すなわち形というものを持たないアイデアや人の思いを「建築」として具現化すること、それは究極的には、「フォルム」の徹底的な追究に他ならない、と。

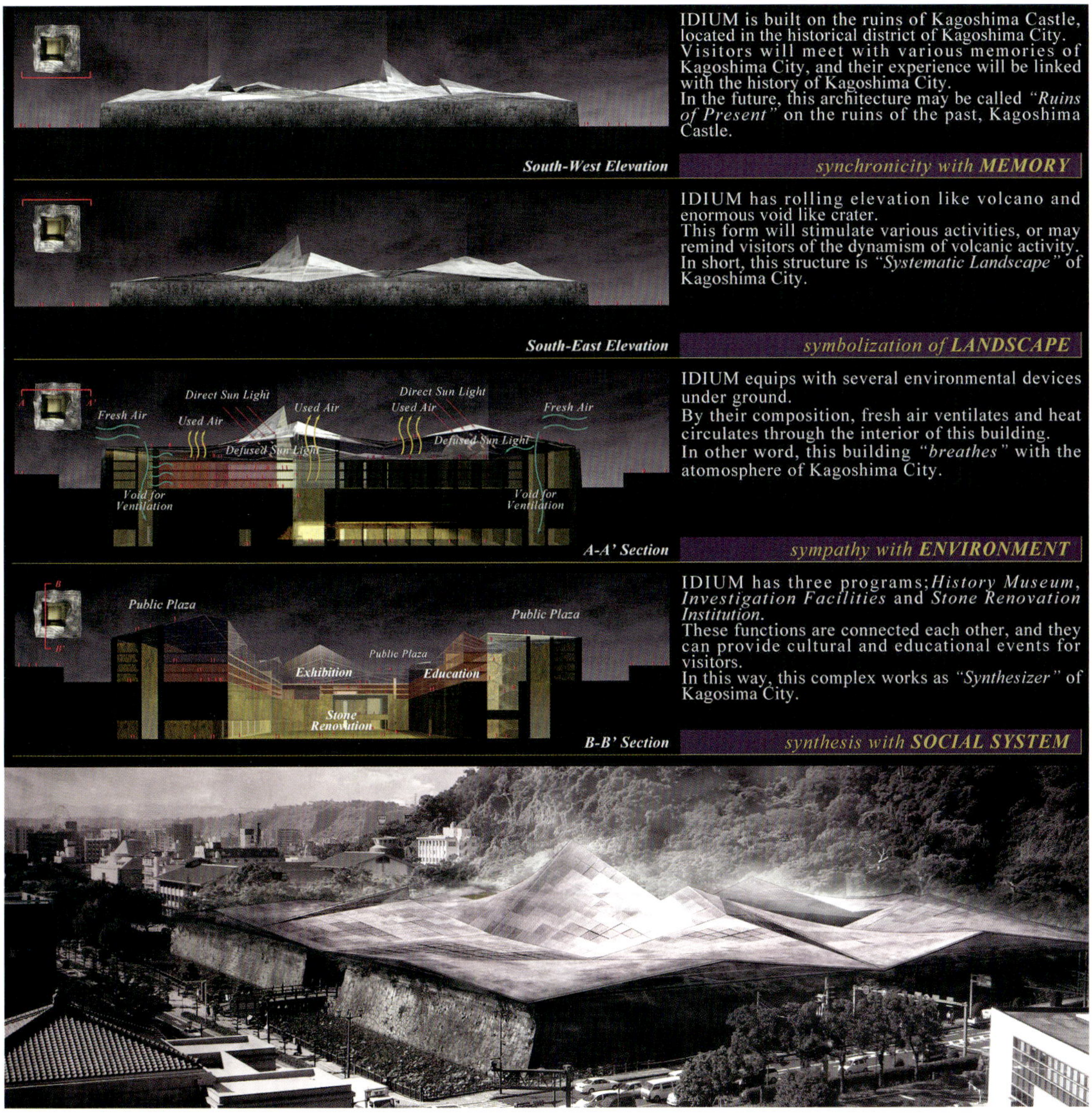
IDIUM is built on the ruins of Kagoshima Castle, located in the historical district of Kagoshima City. Visitors will meet with various memories of Kagoshima City, and their experience will be linked with the history of Kagoshima City.
In the future, this architecture may be called "Ruins of Present" on the ruins of the past, Kagoshima Castle.
South-West Elevation
synchronicity with MEMORY
IDIUM has rolling elevation like volcano and enormous void like crater.
This form will stimulate various activities, or may remind visitors of the dynamism of volcanic activity.
In short, this structure is "Systematic Landscape" of Kagoshima City.
South-East Elevation
symbolization of LANDSCAPE
Direct Sun Light
Fresh Air
Used Air
Defused Sun Light
Void for Ventilation
IDIUM equips with several environmental devices under ground.
By their composition, fresh air ventilates and heat circulates through the interior of this building.
In other word, this building "breathes" with the atomosphere of Kagoshima City.
A-A' Section
sympathy with ENVIRONMENT
Public Plaza
Exhibition
Education
Stone Renovation
IDIUM has three programs; History Museum, Investigation Facilities and Stone Renovation Institution.
These functions are connected each other, and they can provide cultural and educational events for visitors.
In this way, this complex works as "Synthesizer" of Kagosima City.
B-B' Section
synthesis with SOCIAL SYSTEM

建築と比喩

辻 啓太

超過密都市東京において新たな都市形態を提案する。

現在の都市建築は大都市東京がそうであるように、アメーバ状に広がり、互いが互いに依存しつつ、相互補完できていないのではないか。

そのことで大量生産、大量消費が行われ環境問題へと発展する。

そこで都市機能が内包され相互補完のできる自給都市「GAIA」を構想する。都市のエネルギーやアクティビティはすべてこの建築内で満たされる。

抽象的形態、幾何学的立体の内部に都市の記号すべてを注ぎ込んだ。

4層の階層により構成された球は、外側から、生産・環境、文化・社会、研究・教育、居住の機能を与えた。中心には全てを繋ぐヴォイドがあり、光・空気・風を誘発するためのアトラクターとなっている。

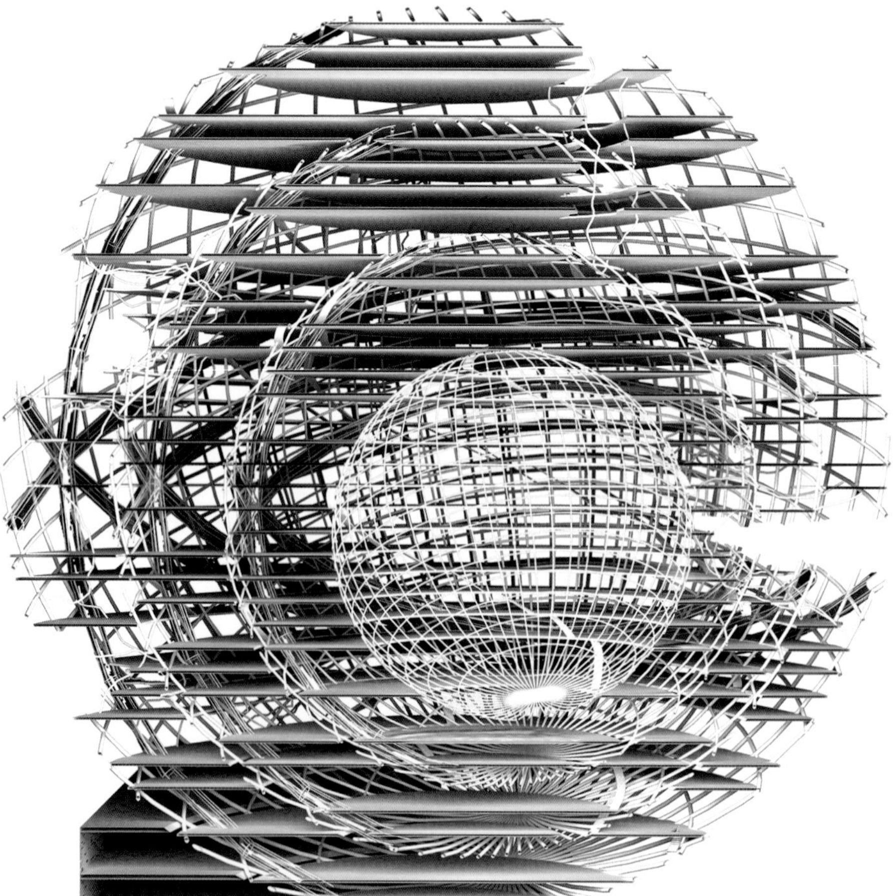

section pers

球は周囲のものをことごとく映しこむばかりでなく、強いコントラストを生み出す不可思議なもので、時として変容し、姿をくらまし、苦悶する刻まれた内部をさらけだす。

何者かに触れるこの世界を前に「GAIA」を見つめながら私が願うのは、「球を切り開き、その内部を顕在化したい」という思いと「その内部における姿や力を見いだしたい」という思いである。

球という完全な幾何学は理性や合理性を表し、それに対し亀裂はその根源性、深層を表している。この2つが相見えていることが現在において重要な意味を持つと考える。

この建築は1つの形態が宿すエネルギーで満たされている。
球は大地を象徴することもできる。
球は世界を、今日の世界を象徴することもできる。

void

crevasse

elevation

建築と迷宮

堀賢太

建築は機能的である。これはモダニズム以降主流の考えとなり、現代でもその地位は揺るがない。モダニズム以前の建築は芸術作品か、はたまた様式を象る器としてつくられたものか、どちらにせよある制度の中で行われた表現の産物であった。しかし、産業革命等の社会の大きな渦の中で、建築の根本的なあり方が見つめ直される。それにより、「建築はある機能をもち、それを果たすために合理的な手続きでつくられるべきである」という一つの指標が打ち出される。そう、それが今も我々に息づいている“機能的”という建築の価値である。

建築は遊戯的である。これは一つの仮説である。だが、確実に遊戯的瞬間は建築の中に垣間見ることができる。そして、そこには二つの遊戯が存在する。一つは我々、建築家がする遊戯、もう一つは建築を訪れた人がする遊戯。前者は設計時において現れる。設計とは簡単に言えば一つのシステムをつくること、一方で現前した建築は時々刻々と変容し、予想できない現象を生むものである。そして、そのギャップに建築家は苦悩し、杓子定規では解けない難問に対し、閃き、経験、飛躍、妥協などを用いて一つの方法を適用する。驚くべきことに、その方法は必ずしも論理的ではない。ベルナール・チュミのラビレット公園設計案のように、全く脈略のない方法を適用することも可能である。この設計過程における飛躍性、非論理性こそが遊戯である。そこには遊び心さえも加えてもいいのだから。

また、後者の遊戯は迷うことである。道が分からず不安の中でさまようような迷いではなく、旅先で見知らぬ街を散策するような迷いである。この種の迷いはもちろん建築でも起こる。先の空間の気配を察したり、中庭に足を伸ばしてみたり、来訪者は当初の目的を瞬間的に忘れて、空間へいざなわれる。これもまた、建築そのものを楽しむ、建築を使った一つの遊びであろう。そしてその時、建築は光、音、気配、広がりなどの様々な要素を用いて来訪者に饒舌に囁いているのである。

建築が上記のような遊戯性をもつゆえに、建築は“遊戯的”であるという仮説はひとまず正しいだろう。そして、“遊戯的”建築は来訪者を空間へいざなう性質をもち、“機能的”建築のそれとは異質なものである。この遊戯性こそが私の建築のORIGINである。

そして、“遊戯的”建築はどのような形をしているのか？一つ挙げるとすれば、おそらくそれは迷宮であろう。迷宮という言葉の意味、歴史性から見ても、人をいざない、導く饒舌な空間をもつことは間違いない。その点からすれば、迷宮は“遊戯的”建築であるかもしれないが、その迷いが不安の中で行われるのであればそれは遊戯にはならない。そう、それは楽しい散策のような迷いでなければならない。つまり、このような形をしているのだろう。

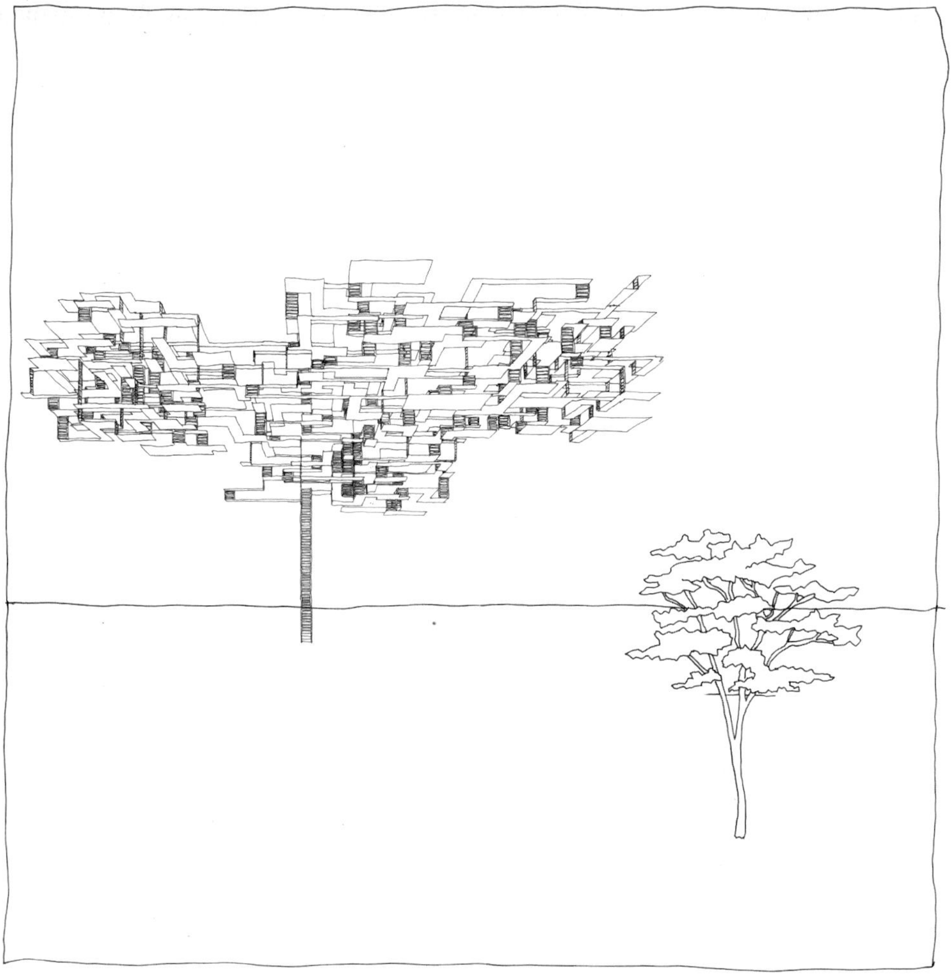

建築とオートクチュール

高取愛子

ある特定の顧客のための、特定の建築を実現するといった点において、建築設計は服飾デザインにおけるオートクチュールと同一の精神一顧客への奉仕一を共有するといえる。18世紀英国の詩人A.ポープは、庭園設計にあたり『バーリントン卿への書簡』(1731年)のなかでゲニウス・ロキの概念を用いた詩を詠んだが、建築設計において建築家は、建築が創造される場所の特性のみならず、顧客という人間そのものが有する固有性にも着目する必要がある。すなわち、要望として挙げられる与条件を、単に物理的形状に由来するものとしてのみ把握するのではなく、顧客固有の文化的、歴史的、社会的背景などの生きた価値観との対応のなかで読み解くことが求められる。

そもそも設計行為とは,先達から学んだ理論や技術の中から本質をつかみ取り、かつ、それらをいま・ここに存在する、ありのままの生活と向き合う顧客のために展開させる営みである。つまり建築家は、建築設計を通して顧客の固有性を紐解き、それを強化する責任を持つことになる。また同時にそれは、自身で受け止めた出来事を内省し、その体験を血肉化しようとする顧客を前に、既成の価値観では常に現実の一部しか掬いとれないことを認識する過程でもある。

時にこの過程において建築家は相異なる思想や形式に積極的に取り組むことになる。しかしこうした矛盾こそが、その多義性がもたらす調停によって、平穏で豊かな空間創造に向けた新たな秩序を生み出す契機となる。

古典的ともいえるこのような態度や手法は,破壊とは異なる、新たな建築を生み出す創造的精神に基づく。すなわち、創造とは、顧客への奉仕の精神なくしては成立しえず、このようにして、顧客によって着(住み)こなされる生き生きとした建築が誕生する。

プリヤデザイン一級建築士事務所設計、松原の家(2009年竣工、京都市下京区)
左ページ、右ページ左上:©松村 芳治　その他:©下村 康典

建築と装飾

岡本一真

3.11の震動は、我々の生き方・考え方を大きく変えようとしている。その変化の方向は、未来志向というよりむしろ原点復帰である。日本の原点、日本人の原点、そして日本建築の原点について考える必要がある。その考え方には、専門的・学術的ではなく、非専門的・非学術的なアプローチが重要であろう。なぜなら原点は、今まで見られなかったところ、見ないようにされてきたところにあるからだ。我々の考え方に大きな影響を及ぼす教育の専門的・学術的になりすぎた現状を見直す必要があるのではないか。

一例として日本建築史をとりあげてみよう。我々が思う日本建築の原点は何であろうか。伊勢神宮や法隆寺などの神社、寺院建築がまずあげられよう。さらに時代を遡り、縄文時代の竪穴式住居はどうか。竪穴式住居については、神社、寺院建築に比べピンとこない。というのも飛鳥、奈良時代とは異なり、縄文時代の人々の暮らしを想像することができないからである。縄文時代の人々がどのように暮らし、国土がどんな状況であったのかを知るためには、横断的な学術領域の知識を得て、それらを総合的に関連づけなければならない。様式や構法という建築の専門領域からの観点とは異なる竪穴式住居の意味を捉えるために、縄文時代の暮らしを少し考えてみよう。

縄文人は縄文の森に住む小動物の狩猟や木の実や山菜などの採集を生活の糧にしていた。よって煮炊きすることによって食料を保存していたと考えられる。煮炊きに必要な火は、一度消えると再びおこすことが困難なため風雨から守らなければならない。そのための囲いとして竪穴式住居は生まれたのである。住居の中心に炉の跡が発見されていることがその裏付けだ。また炉は、煮炊きのほか吉凶を占う祭礼に利用された。天候や収穫について火を使って占ったのである。つまり竪穴式住居は、火という神を守り、また祭礼をおこなう場であったと言えよう。日本人にとって住まいが聖なるものであることは、近代化・西洋化された生活様式になった今でも玄関に上り框を設け、靴を脱ぐ風習が残っていることから理解できよう。つまり竪穴式住居を日本建築の原点と捉えることによって見えてくるものは、建築の「聖」性である。しかし明治以降、西洋文明と近代科学によって様相は一変した。西洋から建築の三原則「用・強・美」が輸入され、また近代以降はそれに科学的根拠が付与され、感覚や経験から紡ぎ出される「聖」は無視されることになった。「用・強・美」を合理的に備えた住まいに、住み手の愛着は生まれず、スクラップアンドビルドが繰り返され、町並みは均質化し、かつての豊かな地域文化も継承されなくなった。

それでは建築に「聖」性をとりもどすためには、何が必要

外観：建築の外観に装飾文様を刻む

なのか。それは超自然的な力を導入することである。例えば縄文土器の表面には縄の文様が刻まれているが、これは1本では弱いヒモが何本も束ねられて得られる縄の神秘的な力を、土器に付与しようとする行為である。すなわち縄の文様を刻むという装飾は、「聖」をつくりだす行為なのである。いまの建築教育において、装飾がほとんど無視されていることは、偶然の一致であろうか。

原発事故によって明らかにされたのは、科学偏重主義への反省である。原子力という解明されえないものを実用化することの過ちは周知のとおりであろう。科学は芸術と同様、真理を探究するにとどまるべきであり、実用はあくまで工学の役割である。そして工学の目的は、実践や経験にともなう創意工夫によって世の中をよりよくすることである。建築工学も同様に、経験や実践の学問である。論理的、科学的な知識を積み上げる教育ではなく、自然を観察し、超自然力を感じ、模倣する、すなわち装飾を実践する教育がいまこそ求められているのではないだろうか。

内観：外部から内部へと装飾文様を連続的に展開する
プリヤデザイン一級建築士事務所設計、下鴨の家（2009年竣工、京都市左京区）
©松村 芳治

あとがき

建築家の高松伸は、芸術家というより、エンターテイナーの呼び名が相応しい人物である。

講演会や講義では、けっして多くを語らない。講演会はむしろ音楽や映像を用いて観客の視覚・聴覚に訴えるエンターテイメントの場として捉えているようである。しかしながら、その背景に潜む建築哲学は揺るぎないものであり、文筆家としての活躍の場を通して、それらを端的な言葉で、余すところなく開陳する。その語り口はいかようにも変化し、ときにムツカシイ熟語の羅列を用いて、ときに素朴なスケッチを挿絵に、ときに甘美な愛を語る詩のように、含蓄深い余韻とともに読者を独自の世界観へと誘う。

主たる生業である建築家としては、これまで一貫して、建築への深い愛着と情熱を作品によって示し続けてきた。その結果、活動の初期より、理論に裏打ちされた執拗なまでの造形美によってその名を馳せてきたことは、これまでに出版された数多くの作品集が語るところである。

ところで高松伸にはもう一つの顔がある。それは、教育現場での教育者としての顔である。「生き様自体がエンターテイメントである」とでもいわんばかりに、いわゆるプロフェッサー・アーキテクトとして担う役割は、「教える」より「魅せる」ことであっただろう。京都大学大学院工学研究科建築学専攻での教授職は、そんな高松にとって最適な現場であった。

きみたちは建築家になりたいか？

おう！

一世代前（失礼！）の体育会系ノリよろしく交わされる学生とのこうした掛け合いは、研究室ではいまやオキマリ事である。「自らの手で触れ、感じることは、建築の設計において何よりも重要」として、次なる建築家育成に向け「目を鍛え、手を鍛え、頭を鍛える」ことを研究室の指針に掲げてきた。この指針に従い、講義では言葉を巧みに操り建築について読み解き、演習では身体を用いて建築を描くことを伝え、ゼミでは果敢に挑戦し続ける姿勢を示し、はたまた20歳以上限定の課外授業！？では映画や本、人生の喜びや流行のAKBなどの尽きることのない話題によって、高松伸をまるごと刺激的かつ実践的に披露してきた。しかも威厳に満ちたオーラの背後には、茶目っ気たっぷりな人間味が漂う。我々はみな、この高松伸の展開するパフォーマンスに魅せられ続けてきたことはいうまでもない。

本書は、建築家高松伸のこうしたもう一つの顔、「教育者」としての在り方や、研究室や講義室にみなぎるダイナミズムを再現し、伝えることを企図して編まれた。著者は高松に加え、京都大学工学部で高松に教えを受けた高松伸研究室門下生である。教授から問われた最後の課題「君の—建築のORIGIN—を表明せよ」に応えるかたちで、我々は自らの追求する建築の可能性を宣言する。この問いかけとは、16年間にわたり様々な形式によって問われ続けた課題でありつつも、実のところ、高松によって初めて明文化された件の命題である。すなわち、我々は高松の生の背中から掴み取ったエッセンスを後続に伝える役を担うとともに、この宣言を通して、建築家として新たなスタート地点に立つORIGINATORS（創造者たち）となる。建築を学ぶ学生はもちろん、建築や建築家に大きな関心を寄せる一般の方々にも、広く役立てていただければ幸いである。

本書の出版に際しては、企画を後押ししていただいた京都大学学術出版会の鈴木哲也編集長と、編集の体制上足並みの揃わない我々を手慣れた配慮で導き、根気よくサポートしてくださった編集担当の永野祥子氏の両氏に尽力いただいた。この場を借りて謝意を心より表したい。

最後に、企画から編集作業を中心的に牽引した上園宗也くん（平成22年度卒、高松伸建築設計事務所所属）、ならびに、夏目寛子さん、三浦星史くん、宮本翔平くん、吉田絢子さん（平成24年度修士1回生）をはじめとするすべての共著者の輝かしい未来を期待し、また同時に、今春教育職を退く高松教授の建築家としての新たな展開を心待ちにしつつ、本企画の更なる展開を願いたい。望むらくはORIGINATORSひとりひとりが高松の好敵手となるその日を夢みつつ…。

平成25年　春

高取　愛子

O R I G I N A T O R S

高取 愛子　建築とオートクチュール（p.134）
H13-H24
京都大学大学院工学研究科GL教育センター専任講師
同研究科建築学専攻建築設計学講座兼任講師
プリヤデザイン一級建築士事務所アドバイザー
http://priyadesign.jp/

田中 知博　建築とルール（p.84）
H10-H12
田中知博建築設計事務所
http://tt-aa.net

蘆田 暢人　建築とテクノリージョナリズム（p.76）
H10-H13
株式会社ENERGY MEET 共同主宰
株式会社 蘆田暢人建築設計事務所 代表
NPO法人 東北アーカイブ 理事
http://www.energymeet.org
http://www.ashdaa.com

大宅 将之　建築と担い手（p.96）
H11-H12
三井不動産株式会社
現在三井不動産レジデンシャル株式会社に出向中
千葉支店開発室　主査

岡本 一真　建築と装飾（p.136）
H10-H17
プリヤデザイン一級建築士事務所
代表
http://priyadesign.jp/

柳沢 究　建築と事蹟（p.64）
H10
名城大学理工学部建築学科　准教授
究建築研究室
http://Q-Labo.info

石田 恭子　建築と価値（p.50）
H10-H11
野村不動産株式会社

谷口 敬太郎　建築と環境（p.52）
H12-H13
谷口敬太郎建築設計事務所　代表

高木 舞人　建築と人間（p.122）

H11
（株）ダン計画研究所

畑 友洋　建築と公共性（p.54）

H12-H14
畑友洋建築設計事務所
http://hata-archi.com/

古川 嘉久　建築と風景（p.62）

H12-H14
Kajima Associates,INC.

森 雅博　建築と混淆（p.20）

H12-H14
株式会社日建設計

黒田 隆士　建築と商品（p.46）

H12-H14
株式会社竹中工務店
http://www.takenaka.co.jp/design/index.html

山本 歓　建築と豊かさ（p.32）

H12
（株）Fit建築設計事務所　共同主宰
http://www.fit-arch.com

荻原 雅史　建築とおしゃべり（p.60）

H13-H15
荻原雅史建築設計事務所
http://www.masashiogihara.com

川上 聡　建築と夢（p.114）

H13-H15
Legorreta + Legorreta

中西 ひろむ　建築と様式（p.66）

H14-H15
中西ひろむ建築設計事務所　主宰
http://www.hiromuna.com/

角田 哲也　建築とバーチャルリアリティ（p.74）

H13-H15
株式会社アスカラボ　代表取締役
http://ktx.jp/

藤田 慶

建築と人（p.100）

H13
フジタケイ建築設計室
http://www.kfarchi.com/

村田 龍馬

建築と技術（p.72）

H14
株式会社 川口衞構造設計事務所

川原 達也

建築とナラティブ（p.116）

H14-H16
KAWAHARA KRAUSE ARCHITECTS, Hamburg
http://www.kawahara-krause.com

三島 靖之

建築と広告（p.48）

H14
（株）電通関西支社 クリエーティブ局

藤井 洋之

建築と象徴（p.126）

H15-H19
株式会社竹中工務店

若江 直生

建築と行為（p.28）

H15
株式会社日建設計

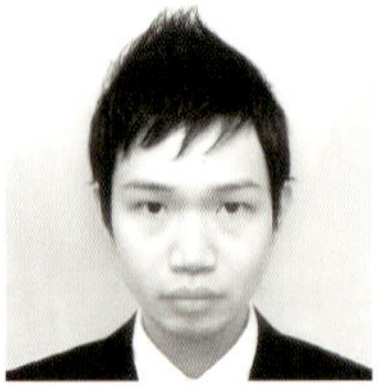

岡 隆裕

建築と出来事（p.18）

H16-H18
株式会社日建設計

中西 正佳

建築と創作（p.86）

H16-H18
株式会社竹中工務店

小室 舞

建築とあそび（p.8）

H16
Herzog & de Meuron

田中 敬

建築と経験（p.38）

H16-H18
株式会社久米設計

小川 昂人　建築と芸術（p.112）

H18-H20
株式会社高松伸建築設計事務所

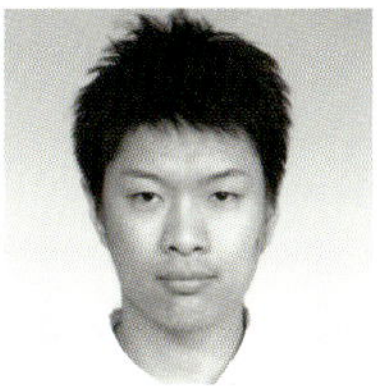

新井 崇俊　建築と建築家（p.94）

H18
東京大学大学院

西川 拓　建築と風景（p.30）

H17
隈研吾建築都市設計事務所

堀 賢太　建築と迷宮（p.132）

H18-H20
株式会社宗本晋作建築設計事務所

村上 芙美子　建築と身体（p.2）

H17-H22
宮本佳明建築設計事務所

寺村 雄機　建築と野合（p.120）

H19-H21
株式会社竹中工務店

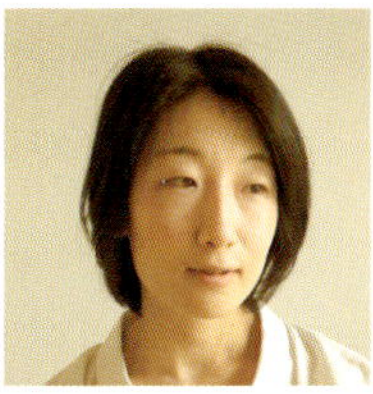

西野 佐弥香　建築と時代（p.98）

H18-H22
武庫川女子大学生活環境学部
建築学科　助教

平野 利樹　建築とタイムズスクエア（p.44）

H19-H22
Reiser + Umemoto
http://artitec.exblog.jp

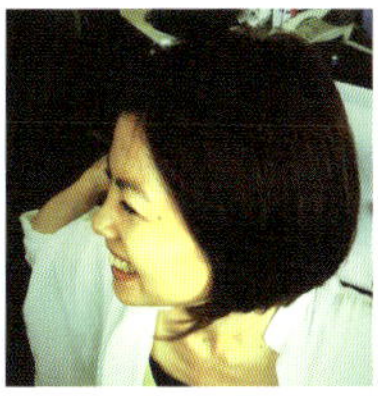

藤川 裕佳子　建築と空想（p.80）

H18-H20
株式会社　博報堂

羽村 祐毅　建築と音楽（p.90）

H20-H22
Herzog & de Meuron

上園 宗也　建築と幻想
(p.124)
H20-H22
株式会社高松伸建築設計事務所

土田 昌平　建築と継承
(p.42)
H21
東京藝術大学大学院

政所 顕吾　建築とフォルム
(p.128)
H20-H22
フリー

中園 幸佑　建築と可視不可視
(p.108)
H21
原広司＋アトリエ・ファイ建築研究所

千葉 美幸　建築と新しさ
(p.110)
H20-H22
株式会社日建設計

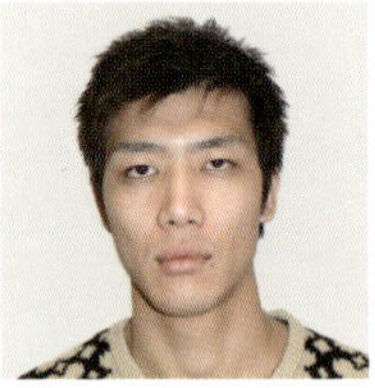

海老塚 啓太　建築と神話
(p.36)
H21-H22
東京藝術大学大学院
ミラノ工科大学

木下 慎也　建築と揺らぎ
(p.104)
H21-H23
森ビル株式会社

三浦 星史　建築と濃度
(p.16)
H21,H24
京都大学大学院

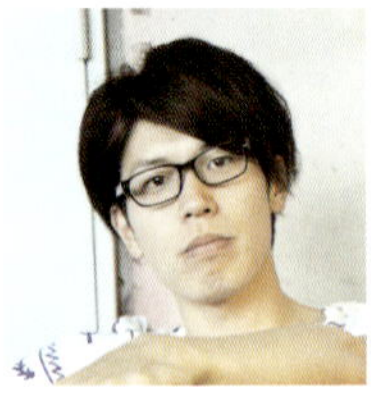

辻 啓太　建築と比喩
(p.130)
H21-H22
東京藝術大学大学院

高 婧　建築と欲望
(p.118)
H22-23
株式会社日建設計

稲荷　瑞季　　建築と貧困（p.6）

H22
京都大学大学院

大城　正史　　建築と排泄（p.10）

H22-H24
京都大学大学院

小林　祐貴　　建築と幾何学（p.82）

H22
京都大学大学院

関村　光代　　建築と生命（p.4）

H22-H23
京都大学大学院

高山　俊　　建築と動性（p.26）

H23-H24
京都大学大学院
http://www.youtube.com/watch？v＝x45Db_FHwUY

長瀬　遥香　　建築と愛着（p.24）

H23-H24
京都大学大学院

ニエ　シア　　建築と都市（p.22）

H23-H24
京都大学大学院

小椋　恵麻　　建築と庇護（p.14）

H24
京都大学大学院

夏目　寛子　　建築と共同体（p.12）

H23-H24
京都大学大学院

西原　将　　建築と形式（p.106）

H23
フリー

宮本　翔平　建築と詩
（p.88）
H23-H24
京都大学大学院

吉田　絢子　建築と循環
（p.68）
H23-H24
京都大学大学院

阿波野　太朗　建築と写像
（p.40）
H24
京都大学工学部建築学科

上村　康人　建築と情報
（p.78）
H24
京都大学工学部建築学科

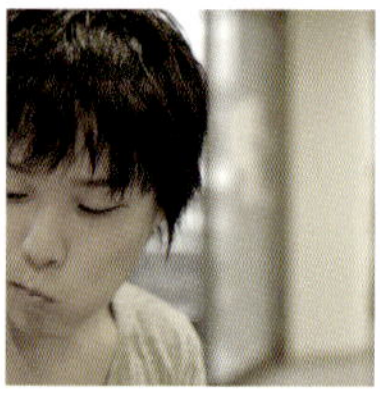

片山　英　建築とパラドックス
（p.102）
H24
京都大学工学部建築学科

前田　京美　建築とサンタクロース
（p.56）
H24
京都大学工学部建築学科

宗本 晋作　建築と円居
（p.58）
H17-H20
立命館大学理工学部建築都市デザイン学科准教授
株式会社宗本晋作建築設計事務所　主宰
http://www.smao.jp/

建築のORIGIN｜設計を巡る思考

2013年04月10日　初版第1刷発行

著　者　高松伸 ＋ ORIGINATORS
発行人　檜山爲次郎
発行所　京都大学学術出版会
京都市左京区吉田近衛町69番地
京都大学吉田南構内（〒606-8315）
電話（075）761-6182
FAX（075）761-6190
振替01000-8-64677
URL http://www.kyoto-up.or.jp
印刷・製本　亜細亜印刷株式会社
デザイン　鷺草デザイン事務所

ISBN 978-4-87698-281-3
定価はカバーに表示してあります Printed in Japan